轻松陪伴
孩子成长

鲁晓春◎著

当代世界出版社

图书在版编目（CIP）数据

轻松陪伴孩子成长 / 鲁晓春著．-- 北京：当代世界出版社，2014.8
　　ISBN 978-7-5090-0977-2

Ⅰ．①轻… Ⅱ．①鲁… Ⅲ．①家庭教育 Ⅳ．① G78

中国版本图书馆 CIP 数据核字（2014）第 129557 号

书　　名	轻松陪伴孩子成长
出版发行	当代世界出版社
地　　址	北京市复兴路 4 号（100860）
网　　址	http://www.worldpress.org.cn
编务电话	（010）83908456
发行电话	（010）83908409
	（010）83908377
	（010）83908455
	（010）83908423（邮购）
	（010）83908410（传真）
经　　销	全国新华书店
印　　刷	北京世纪雨田印刷有限公司
开　　本	710 毫米 ×1000 毫米　1/16
印　　张	15.75
字　　数	182 千字
版　　次	2014 年 8 月第 1 版
印　　次	2014 年 8 月第 1 次
书　　号	ISBN 978-7-5090-0977-2
定　　价	30.00 元

如发现印装质量问题，请与承印厂联系调换。
版权所有，翻印必究；未经许可，不得转载！

序言

鲁晓春（又名思雨），女，汉族，山东莒南人，1968年出生，自幼随医术精湛、医德高尚的祖母学习中医，祖母倾毕生所学，悉心育之，因其聪颖灵秀，渐有小成。

受祖母影响，思雨自幼爱好文学，中学期间曾担任校报主编，常有作品发表。思雨原想终生从事文学事业，但祖母坚决不同意，思雨只好顺从老人家心愿，弃文从医。

思雨成家后，到离县城较近的一个山村开设诊所，治病救人。一个偶然的机会，她重新拾起了搁置多年的笔。有一天，思雨的长女蜻蜓摔倒了，蜻蜓的奶奶扶起她后，就开始敲打绊倒孩子的石头替孩子出气。思雨担心这样的教育方式会让孩子学会迁怒于他人和不担当，于是，她决定自己带孩子，并有意把整个事情和所思所想记录下来，遂有了《让孩子从跌倒了爬起来做起》一文，自此开始，陆续有教子之文诞生。

思雨相信：哲理的光辉能够使心灵不断成熟，智慧的力量能指导孩子们的人生更加美好。多年未见的老同学——《沂蒙晚报》的记者李克峰看了她的文章，很是欣赏，并鼓励她向报刊投稿，就这样，一篇篇伴随着孩子们成长的小故事，开始见诸报端。

思雨认为，每个孩子都是一粒种子，土壤、肥料、日照、水源、空气，都会影响他们的成长，所以，环境对孩子的影响极大。为了让孩子能够到经济和教育相对发达的地区接受教育、健康成长，思雨决定重演"孟母三迁"的故事。

她毅然关闭了生意红火的诊所，带着两个孩子来到海滨城市——威海。三个月以后，思雨租了一个门面，重操旧业。

几年下来，从租的小门面到有了自己的诊所，其间的艰辛难以言表。思雨认为，孩子是父母的复制品，父母的言谈举止很重要，所以，当诊所的生意好起来之后，她拿出了一部分钱，资助品学兼优的贫困生和几位孤寡老人，让她自己的两个女儿——蜻蜓和蚂蚱学会尊重他人、感恩社会。思雨还收养了两个失去父亲、面临失学的女孩儿，几年的朝夕相处，让这两个孩子养成了良好的生活和学习习惯，并双双进入高等学府深造。思雨也细心记录下了这几个孩子成长的一点一滴。

而今再来品味这些成长故事中的点点滴滴，留给思雨的，是生活的甘甜和相互交融的情感。思雨感悟并创造着生活的哲学，如同一股涓涓清泉流过心田，让她感受到了智慧的力量和与子女共同成长的快乐。

父母都喜欢优秀的孩子，蜻蜓和蚂蚱聪慧懂事，收养的两个孩子也很乖巧、善解人意，这让很多人羡慕。亲朋好友们大都知道思雨喜欢记录孩子成长的轨迹，都来看思雨写的文章，一传十、十传百，后来很多人要求思雨把这些故事完善后放在网上。

在思雨写作过程中，得到了许多文学前辈的指点和帮助，他们给予了思雨的作品很高的评价，并鼓励思雨出版，于是促成了这本《轻松陪伴孩子成长》的问世。

本书精选了从孩子出生到高考这一时间段的51个成长故事，没有高深、空洞、乏味而又冗长的说教，有的只是唠家常式的沟通聊天。

故事短小精悍，意蕴深长，娓娓道出每一个故事后隐藏的哲理，适合父母和孩子一起快乐阅读。

黄沙映世界，甘露衬光辉，抛砖能引玉，得道不相同，这才是本书的魅力所在。聪明的读者，你们也一定饱含着对生活的热爱，拥有着独特而充满智慧的生活感悟，那么，就让我们一起拥抱生活、共同拥有一个美好的未来吧！

CONTENTS 目录

序言

1. 训练不哭的孩子（蜻蜓：出生不久）——— 001
2. 与人为善（皮皮：幼儿园）——— 004
3. 有限的玩具，无限的乐趣（蜻蜓：3岁）——— 007
4. 做个有同情心的孩子（蜻蜓：4岁）——— 012
5. 用故事来教导孩子（蚂蚱：4岁）——— 016
6. 学会分享（蜻蜓：5岁）——— 020
7. 接受失去的事实（欢儿：4岁）——— 026
8. "克制"与"创造"（蚂蚱：4岁）——— 031
9. 溺爱中的孩子（家成：5岁）——— 036
10. 有礼貌的孩子才受欢迎（蚂蚱：6岁 皮皮：5岁）——— 042
11. 交换玩具起风波（蚂蚱：5岁）——— 045
12. 呵护心灵（皮皮：7岁）——— 051
13. 妈妈的辞职信（蚂蚱：一年级）——— 055
14. 蚂蚱战胜疼痛（蚂蚱：一年级）——— 061

15 做人要诚信守诺（蜻蜓：一年级） —————————— 069

16 勇于担当（蚂蚱：二年级） —————————————— 073

17 孩子自己睡　宜早不宜迟（蚂蚱：二年级） ———— 078

18 自己的事情自己处理（蚂蚱：二年级） ——————— 083

19 "说作文"与"写作文"（蜻蜓：二年级） —————— 087

20 蚂蚱闹情绪（蚂蚱：二年级） ——————————— 092

21 尊重他人（蚂蚱：三年级） ———————————— 096

22 选择和代价（龙龙：三年级） ——————————— 100

23 学会理财（蜻蜓：二年级到初中） ————————— 104

24 学会自责（蜻蜓：四年级） ———————————— 108

25 生命就是这样来临的（蜻蜓：10岁　蚂蚱：6岁） —— 112

26 相信孩子的能力（蜻蜓：五年级） ————————— 118

27 作业拖拉（菲儿：五年级） ———————————— 122

28 皮皮的改变（皮皮：初一） ———————————— 126

29 阅读需要兴趣相伴（龙龙：五年级到初二） ———— 131

30 《灰姑娘》带给孩子们的启示（蜻蜓：五年级　蚂蚱：一年级） —— 136

31 让阅读变成一种"诱惑"（蚂蚱：初二　皮皮：五年级） —— 141

32 做个懂得自律的人（蜻蜓：初一） ————————— 147

33 对症下药，让数学起死回生（蚂蚱：初一到初三） —— 152

34 蜻蜓的剪纸（蜻蜓：初一） 155

35 蚂蚱的见义勇为（蚂蚱：初一） 161

36 蜻蜓与名牌（蜻蜓：10岁到高中） 166

37 套出孩子的心里话（蚂蚱：初二） 170

38 关于中学生早恋的问题（蜻蜓：初二） 174

39 作文参赛落选后（蜻蜓：初二） 178

40 清儿进班委（清儿：初二） 182

41 皮皮的"情书"（皮皮：初二） 186

42 "拼爹"的作业（老总的女儿：初三） 191

43 "性教育"不是"性启蒙"（蚂蚱：初三） 195

44 蜻蜓偏科（蜻蜓：初三） 201

45 轻松陪伴孩子成长（龙龙：初三） 205

46 早开的花（小宁：初三） 213

47 走出人生的雨季（冰儿：初三） 217

48 当孩子成绩下滑的时候（蜻蜓：中考前夕） 220

49 偶尔的考试失利（蜻蜓：高一） 228

50 学会放松（蜻蜓：高考前夕） 234

51 为什么要她买单（冰儿：参加工作） 237

后记 240

■ 轻松陪伴孩子成长

QINGSONG PEIBANHAIZICHENGZHANG

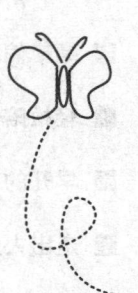

> 孩子爱哭都是大人惯出来的，刚刚出生的孩子听不懂话，他们靠条件反射来做判断，大多数家长一听到孩子哭就抱起来了。

1. 训练不哭的孩子（蜻蜓：出生不久）

思雨的婆家一直是男丁兴旺，公公兄弟7个，没有姐妹。思雨的婆婆育有4个儿子，4个儿子婚后又添了3个小子。这让盼女心切的婆家人有些失落，公公抱着最小的孙子调侃道："我们家这是怎么啦？清一色的'少林寺'，什么时候能让我见到个小美女孙女？"

家门无女，成了思雨婆家人的一大心病。思雨怀孕后，公公婆婆一直希望她能生个女孩。

次年正月，瘦瘦小小的蜻蜓被思雨带到了世间。适逢休年假，婶婆婆、嫂子们赶趟似的来看孩子，思雨和蜻蜓被幸福围了个结实。

不知道是人多了闹的，还是别的什么原因，出生不久的蜻蜓老是哭。思雨觉得小孩子没饿着、没拉、没尿，哭一声、两声的怕什么，也就没把这件事放在心上。

可老奶奶见思雨对"哇哇"大哭的蜻蜓不管不顾,就沉下脸对思雨说:"孙媳妇,孩子这样哭是不行的,你去把她抱起来,不要让她再哭!她可是我的宝贝重孙女呢!"老人家的一句话,让思雨从此再也不敢对蜻蜓的哭闹置之不理,可见蜻蜓是集万千宠爱于一身。

一个月后,思雨带着孩子回娘家,远远地,就看到奶奶领着一大家子站在门口等着,看到思雨母女下了车,奶奶乐呵呵地走过来,接过孩子,也许是颠簸时间长了,有些累,蜻蜓一会儿就睡着了。

见过了孩子,寒暄过后,家人陆陆续续离去,奶奶和思雨拉起了家常。

和往常一样,蜻蜓只睡了一小会儿就醒了,并且眯着眼睛嚎啕大哭起来,思雨急忙跑过去,抱着孩子晃来晃去。奶奶皱了皱眉头,语重心长地告诫思雨:"孩子一哭就放下来,不哭的时候才抱起来!"

见思雨还在犹豫,奶奶接着说:"孩子爱哭都是大人惯出来的,刚刚出生的孩子听不懂话,他们靠条件反射来做判断,大多数家长一听到孩子哭就抱起来。所以,孩子会记住,只要自己一哭,大人就会把他抱起来!"

思雨是个聪明的女人,一下子就明白了奶奶的意思:奶奶的办法和传统的理解正好反过来。这样一来,再小的孩子都能明白——不哭的时候才有得抱。

哭声渐停的蜻蜓刚被放下,又闭着眼睛歇斯底里地哭闹起来。思雨见蜻蜓哭得满脸通红,心生不忍,她看了看奶奶,心里迟疑不决。奶奶见思雨想把孩子抱起来,立马拉住她的手制止道:"思雨,你看着时钟,等10分钟以后再抱。"

说来也奇怪,思雨的手被奶奶温热有力的大手握住后,狂跳的心渐渐地安定下来。果不其然，5分钟后，蜻蜓的哭声越来越小，七八分钟的时候就停了。这时候，思雨已经心疼得肝肠寸断，泪水欲滴了。

见思雨终于熬过这一关，奶奶笑着拍拍她的手，说："你一定要忍住。让她知道哭声是叫不来妈妈的。但是，必须要记住，训练'不哭的孩子'要排除4个哭的原因——尿了、病了、饿了、困了。"

在以后的日子里，思雨一直记着奶奶的话，所以蜻蜓再也不会无理由地哭闹（就连以后生下的小女儿蚂蚱，思雨采取的也是这个办法），偶尔在临睡之前"恩啊"几声，思雨也把这些当她们在做肺活量练习。

一天，蜻蜓的爸爸正在书房里看书，听到了蜻蜓的哭声，就急忙跑出来查看——原来是蜻蜓要睡了。

奶奶来了，见蜻蜓的爸爸抱着孩子，在大厅里晃来晃去，嘴里还煞有介事地哼着摇篮曲。奶奶忍不住摇了摇头，提醒道："你是大夫，应该知道，孩子的大脑在婴儿时期还是胶状的，这样摇来晃去，很容易受伤的。"

蜻蜓爸爸一听马上停止了晃动，孩子也睡着了。

奶奶接着说："要学着让孩子自己静静入睡，婴儿时期的孩子大部分时光都要在床上度过，而床是不会动的！所以，抱起孩子的时候不要摇晃，不要来回走动，更不要这样哄孩子睡觉，轻轻放在床上让她自己睡就好。"

思雨带着蜻蜓回婆家的时候，满百天的她已经会啃着自己的小拳头，咿咿呀呀地"唱歌"了。除非尿了、拉了、饿了、病了，否则几乎是不哭闹的，这让婆家人惊叹不已，都说，还从没见过这么好带的孩子呢！

> 如果不能做一个既善良又强大的人,那就先做一个善良的好人。在孩子长大成人之前,先在他心里搭上善良的架子,播下善待他人的种子。

2. 与人为善（皮皮：幼儿园）

这一阵子,思雨为妈妈教育小侄子的事情,头痛不已,事情的起因很简单:小侄子皮皮刚上幼儿园,为了一件玩具和一个小朋友发生了争执。争抢之后,皮皮的头部有一点小小的擦伤,思雨的妈妈带着皮皮来思雨家处理伤口。在思雨看来,这不是什么大不了的事,过去了也就算了,再说了,小孩子在一起,哪有不发生争执的。

思雨的妈妈却很不甘心,总以为自己的宝贝孙子吃了亏,就想方设法地鼓励皮皮去争、去抢。

思雨想起以前妈妈总是教育自己要与人为善,要善待他人,要学会谦让,不要自私自利,不要强抢豪夺。可是,现在,妈妈变了,居然用以前自己最讨厌、最瞧不起的方法教育皮皮。无论思雨怎么劝说,妈妈就是想不通，就是觉得自己的宝贝孙子太窝囊、太老实才吃了亏，思雨实在是不知所措，心想，现在孩子还小，可塑性强，这当务之急，应该教育他要学会谦让，而不能灌输这种争夺之心。

就在这时，恰好又发生了一件事，让思雨清楚地意识到，从小教育孩子与人为善的重要性。

蜻蜓上幼儿园了，那是开学的第一天，眼前的一切都是新的：新教室、新老师、新的小朋友。

蜻蜓第一次离家，看到那么多家长送孩子，好多小朋友在自己爸爸妈妈离开后就开始哭，蜻蜓似乎是受了感染，看到爸爸妈妈要离开，突然变得娇气起来，竟然也哭起来了。

这时候，一个名叫王彤的小女孩子，正在旁边玩耍，看蜻蜓哭了，就走过去，把自己正在玩的布娃娃递了过来说："给你玩一会儿吧。"

看到这么漂亮的布娃娃，蜻蜓来了兴趣，和她拉着手一起玩起来。见蜻蜓不哭了，王彤又跑到玩具柜里，找来另外一个布娃娃送给蜻蜓，拿回了自己的，两个小女孩一人一个，玩到一起去了。

思雨和蜻蜓爸爸趁机离开，心里对这个名叫王彤的小女孩充满了感激。

放学回家的路上，蜻蜓叽叽喳喳说个不停，思雨问她："最喜欢哪个小朋友？"

蜻蜓眉开眼笑地说："妈妈，我最喜欢王彤了，她是我的好朋友！"

"那你最不喜欢和哪个小朋友玩？"思雨半开玩笑地问道。

"妈妈，我最不喜欢皮皮了，他真讨厌！"

"为什么呀？他可是你弟弟呀。"思雨有些惊讶地问道。

"他老是欺负人，还抢别的小朋友的玩具！小朋友都不喜欢和他玩，他还抢我的好吃的，还把我的玩具丢在地上，我也不喜欢和他玩！"

蜻蜓的回答让思雨心里有了底。

后来，思雨跟老师提起王彤，老师说，王彤她处处关心别人，懂得谦让，小朋友们都喜欢和她玩。

接着，她又和老师谈起了皮皮，老师告诉她，皮皮经常回家告诉思雨的妈妈，说幼儿园里小朋友打他、骂他，抢他玩具，都不和他玩，他不想上幼儿园。其实，别人根本没有打他，是他太霸道、太自私，他打别人，抢别的小朋友的玩具，小朋友才不跟他玩，导致他感到很孤单。

这件事让思雨陷入了沉思，很多家长像思雨的妈妈一样，总害怕孩子吃亏、受欺负，总会不自觉地纵容、鼓励孩子侵犯他人，甚至为孩子的这种霸道沾沾自喜。殊不知，这种霸道除了带来眼前的"胜利"，更多的是以后的孤单、排斥。因为别的小朋友这次吃了亏，下次一定会吃一堑长一智：打不过你，我躲还不行吗？一个霸道成性的孩子，最后会导致没有可霸道的地方，因为大家都不会再跟他玩了。

虽然强者常常让人崇拜，但人们更愿意选择一个与人为善、心里装着他人，而不是处处以自我为中心的人相处。

强者获得成功，享受自我实现的快感；善良的人，生命中更充满了与人分享的愉悦与温暖。

如果不能做一个既善良又强大的人，那就先做一个善良的好人。在孩子长大成人之前，先在他心里搭上善良的架子，播下善待他人的种子。

> 思雨陪着孩子，用那些色彩鲜艳、大小不一的鹅卵石，就可以玩出不同的乐趣，不同的花样，这带给人们的又将是怎样的启示？

3. 有限的玩具，无限的乐趣（蜻蜓：3岁）

蜻蜓的玩具很少，大都是生活中常见的东西，譬如说，一根小树枝，可以在沙地上画出很多东西；几片叶子，可以拼出不同的图案；几把土、一杯水，也可以让蜻蜓玩得不亦乐乎。要是她知道妈妈又弄来一些滑溜溜的鹅卵石，不知道会高兴成什么样子。

这天傍晚，思雨处理完最后一个病人，换好了衣服，一阵清脆的童音传来："妈妈，妈妈……"

思雨抬起头来，看着可爱的女儿正迈着胖胖的小腿向自己奔来，她立即眉开眼笑地迎上去说："蜻蜓，慢点儿，别摔着了。"蜻蜓一下子扑到思雨张开的怀抱里，顺手搂住她的脖子，亲了亲她的面颊说："妈妈，今天咱们玩什么？"

放下孩子，思雨蹲下身子，打开脚下的袋子："你看，这是什么？"

蜻蜓伸长脖子看了看，说："哇！妈妈，好漂亮的小石头呀！而且滑滑的。"说着，伸出小手拿起一个玩了起来。

"这叫鹅卵石，今天就玩这个好吗？"思雨笑着说。

"好呀，好呀，这个怎么玩？妈妈，快教我。"蜻蜓拍着小手说。

思雨带着蜻蜓说说笑笑地来到了诊所前的樱桃树下，脱掉鞋子，跳进沙坑里。母女俩从布袋里各自抓出一个鹅卵石，再把手放在身后。

"看看谁的大，谁的小？"思雨率先把手打开，蜻蜓看了一眼，急忙把藏在身后的手伸了出来，开心地笑了起来："哈哈，妈妈，你看，我的比你的大。"

"真的呀，你的比妈妈的大啊，那你知道妈妈手里的鹅卵石是什么颜色吗？你要是认得，妈妈就把它给你。"思雨笑着说。

"我知道，我知道，那是红颜色的。"蜻蜓急忙说。

"小宝贝真聪明，一下子就答对了，给你吧，那你的是什么颜色呢？"思雨笑着把手中的鹅卵石放到蜻蜓的小手里。

"妈妈，我这个是绿色的。"蜻蜓得意地说。

"你看看，你手里原来有一个绿色的，再添上妈妈这个红颜色的，你手里现在有几个鹅卵石呀？"看着有点得意的蜻蜓，思雨继续问。

"两个，妈妈，你看，我有两个。"蜻蜓不假思索地回答道。

"呵呵，对啊，蜻蜓，你看，这是一加一等于二，你再给妈妈一个，好不好啊？"思雨指着她手里的鹅卵石慢慢地引导她。

蜻蜓看了看手中的两块鹅卵石，挑了一个绿颜色的，递给思雨："妈妈，给你这个绿颜色的。"

思雨接过来，又问道："现在你再看看，你手里还有几个呀？"

"就剩一个了。"蜻蜓看了看手中的鹅卵石,抬头对思雨说。

"你本来有两个,给了我一个,你还剩一个,这就是二可以分成一和一,你再从布袋里拿一个出来。"

蜻蜓蹲下来,伸手从布袋里掏出两个,低头一看,叫起来:"妈妈,你看,这是什么颜色?好漂亮呀!"

思雨看了一眼,拿起一个对她说:"这是粉颜色的。"她指着另外一个说:"那个是紫色的。"

见蜻蜓点头,知道她记住了,思雨接着问:"你知道你现在有几个吗?"

"妈妈,我有三个,你才有一个,我比你多好几个啊,呵呵……"蜻蜓歪着头,左看右看,美滋滋地叫起来。

"宝贝,你真厉害。"思雨用鼻子拱了拱蜻蜓的小脸,逗得蜻蜓哈哈大笑。

"小宝贝,妈妈再教你用这些鹅卵石排小房子好不好?"

"好呀!好呀!妈妈,给谁排小房子?白雪公主,还是葫芦娃的爷爷?"蜻蜓好奇地问道。

只听到一阵哗啦啦的石头撞击声,思雨已经把满袋子的小石头倒在了沙地上。思雨说:"只要你学会了,随时可以给他们排房子呀。"

"哇!那太好了,妈妈,你快教我吧。"蜻蜓看到妈妈先摆出一个三角形,又摆出一个正方形,好奇地问:"这是什么?"

"这是直线,这也是直线,一共三条,你看,相交的地方都有角,一共三个角,就叫三角形,这是房子的'山',也叫'屋山';底边下面是个正方形,一共四条边,也都是直线,你数数看,一共四条,也叫四边形,是这座房子的墙。"思雨一边摆,一边认真地解说着。

"可是，妈妈，没有门啊，小兔子怎么进去呀？"蜻蜓发现新大陆似的叫起来。

"对啊，妈妈差点儿忘了，门在这里。"思雨又拿了一把鹅卵石，在墙的中间排了一个长方形。

"一，二……妈妈，我知道了，四条边，叫四边形，对不对呀？"蜻蜓得意地叫起来。

"对呀，宝宝真聪明！"思雨笑着说。

"妈妈，我知道，这是小兔子的小房子，你还会排白雪公主的小房子吗？"蜻蜓急忙摇着思雨的胳膊说。

"当然啦，妈妈会排好多好多漂亮的小房子呀。"思雨笑呵呵地说。

"那你快给白雪公主排个漂亮的小房子吧！"

"好啊，没问题。"

整个夏天，蜻蜓乐此不疲地玩耍着小小的鹅卵石，就是这些不起眼的鹅卵石，不但让她知道了什么是"大、小、多、少"，还明白了简单的"分解与组合"，当然了，蜻蜓最感兴趣的是利用它们排列出各种简单的图形，如小动物、房屋、桥梁、车、船、树木等等。每当蜻蜓摆出一种图形，思雨总会按照不同的图形开始讲些简短的小故事。

在蜻蜓4岁生日时，思雨带着她去了百货超市，蜻蜓挑选了一盒漂亮的小积木，对于喜欢摆图形的蜻蜓来说，这无疑是最好的礼物。

思雨工作的时候，蜻蜓就在家里玩积木，她能把简单的小积木排列出不同的图形，所以邻居家的孩子们都喜欢来找她玩。那时候《金刚葫芦娃》和《哪吒闹海》是孩子们最爱看的动画片，几乎每个小朋友手里都有葫芦娃或哪吒的模型。蜻蜓虽然没有这样那样的模型，但是她可以用小小的积木摆出一个小龙宫，甚至可以讲出葫芦娃的部分精彩片段和完整的哪吒闹海，惹得其他小朋友是一阵阵的羡慕。

　　人们常说，兴趣要从小培养，现在家长都舍得花钱把孩子送到各种各样的培训班，也有的家长不惜花费巨资，给孩子买来价格昂贵的学习机或者电动玩具，他们的目的只有一个：那就是提早开发智力，怕自己的孩子输在起跑线上……

　　相比之下，思雨陪着孩子，用那些色彩鲜艳，大小不一的鹅卵石，就可以玩出不同的乐趣，不同的花样，这带给人们的又将是怎样的启示？

> 对于孩子偶尔所犯的小过失不要大惊小怪，甚至打骂，内心一定要坚定一个想法：它只是个"小事"，不是个"错事"，孩子的成长需要经历这些"小事"。

4. 做个有同情心的孩子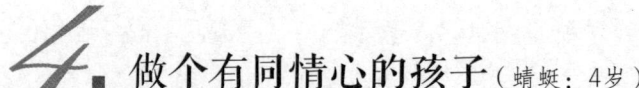（蜻蜓：4岁）

摆好了碗筷，却不见了孩子。

"蜻蜓，蜻蜓，吃饭了！"这孩子，刚才还喊饿，这一会儿工夫，跑哪儿去了。思雨一边嘟囔着，一边向大门外走去。果不其然，在大门外的小树下，看到了4岁的女儿——蜻蜓。

"蜻蜓，饭好了，你不吃饭，站在那里干什么？"思雨站在门前喊道。

"妈妈，等一会儿嘛，我想看看这里面是什么样的，有没有骨头和肉啊？"蜻蜓并没有停下忙碌的手，头也不抬地说。

思雨见蜻蜓没过来，便走过去，一看，又急又气，原来她在用小刀划树。

"蜻蜓，你这是干什么，这样做会伤害小树的。"思雨急忙抓住她的手,不让她再继续划下去。

"不嘛,不嘛,人家就是要看看树里面是什么样子的。"蜻蜓挣脱妈妈的手,扭着身子,一百个、一千个不情愿的样子。

"想看的话,那边有许多爸爸修剪下来的树枝,可以随便看啊。为什么非要伤害这活着的小树?"思雨又去捉她的小手。

"我就不,我就要看这棵树,就不看那些树枝!"蜻蜓再次挣脱妈妈,倔强地说。

思雨刚要发火,突然想起了奶奶的一句话:教育孩子不要动不动就发火,要有耐心,孩子是哄好的,不是打骂好的,打骂孩子可能会解决眼前的问题——孩子当时会变得顺从,但是不会让孩子变得聪明和懂事,更不能让他们变得听话,也不会让他们变得自觉和上进,打骂孩子只能取得一些暂时的、表面的效果。所以说,对于孩子偶尔所犯的小过失不要大惊小怪,甚至打骂,内心一定要坚定一个想法,它只是个"小事"不是个"错事",孩子的成长需要经历这些"小事"。

就像现在,来硬的,可以制止她不再划小树,但是同时也会扼杀了孩子好奇的天性和强烈的求知欲望;还有一点,孩子没找到她需要的答案,在大人看不到的时候,说不定还会故伎重演,继续伤害小树,这方法治标不治本。

就在思雨考虑怎么哄孩子的时候,蜻蜓的爸爸走过来了,喊道:"你们站在那里干什么,还不吃饭啊,饭都凉了。"

"爸爸,爸爸,我划小树,小树也不疼,妈妈还管我,不让我划。"蜻蜓撒着娇对爸爸说。

小树不疼?思雨眼睛一亮,办法有了——利用孩子的同情心。

思雨蹲下去,把脸贴在树上,一边点头,一边说:"啊?原来是这样啊,你好可怜哦,这么疼啊,还伤到你的骨头啦……"

看到妈妈这奇怪的举动,蜻蜓惊讶极了,问道:"妈妈,你这是在干什么呀?你在和谁说话?"

"嘘,不要出声。"思雨把食指放在嘴边,轻声嘘道,"我在听小树说话,嗯,嗯,我知道了。"

"什么?听小树说话?小树会说话?"蜻蜓更加惊讶了,学着妈妈的样子,也把自己的小脸贴在树上,"我来听听,小树是如何说话的。"

蜻蜓的爸爸饶有兴趣地看着她们母女的一举一动,他明白了思雨的表演,是在利用蜻蜓的同情心,希望孩子能够体会"小树"的感受,顾忌"小树"的情绪和想法,并站在"小树"的角度上考虑如何处理这个问题。

"可是,妈妈,我听不到小树在说什么,你能告诉我,小树在说什么吗?"蜻蜓失望地离开了小树。

"小树一边哭,一边说,是谁在伤害我?划了我的皮,又划到了我的肉,马上就伤着我的骨头了,哎哟,疼死我了,疼死我了。"思雨一边说,一边装出很疼痛的样子。

看到妈妈痛苦的样子,蜻蜓急了,连忙对妈妈说:"妈妈,你快告诉小树,我再也不伤害它了,再也不划它了。"

"你自己做错了事情,自己给它道歉去,这才是一个有同情心的好孩子。"思雨站起来,对孩子说道。

"对不起,小树,我再也不划你了。"蜻蜓深感愧疚地对小树说道,"我去爸爸的诊所,拿纱布来包扎你。"

蜻蜓拉着爸爸一起,拿来纱布,给小树包扎起来。

看到跟着爸爸认真学习包扎的蜻蜓,思雨知道,蜻蜓是个善良的好孩子,她的同情心已被激发出来,这将是她受用一生的宝贵财富。

一个具有同情心的孩子，就是一个善良的孩子。一个能给小树包扎伤口的孩子，对他人一定有更多的理解和爱心，这样的品格和思维方式，不仅会让她在处事中如鱼得水，而且人际关系也更和谐融洽。

> 对孩子偶尔的小任性，家长不需要生气责备，更不要过分指导纠正，给他机会，他就能主动调整。

5. 用故事来教导孩子（蚂蚱：4岁）

姥姥去思雨家，带了一些香蕉，正在玩耍的蚂蚱看到了，拎着小铲子跑了过来。

"姥姥，姥姥，你知道我又想你了，你就来啦。"蚂蚱一边眼巴巴地看着姥姥的包，一边很像八爪鱼似的抱着姥姥的腿。

"是啊，我知道宝贝外孙女又想我了，这不，我就来了。"姥姥一把抱起蚂蚱，顺手擦了擦她脸上的泥土，"几天不见，蚂蚱是越长越漂亮啦。"

"姥姥啊，我丑是不丑，就是个子不高啊，妈妈说是心眼儿坠的，长不高。"这祖孙俩说说笑笑地进了家门。

蚂蚱从姥姥怀里跳下来，直奔姥姥放在茶几上的包，眼巴巴地看了一会儿，见姥姥只是顾着和妈妈说话，不理她，她忍不住问道："姥姥啊，你这包里的香蕉是给我吃的吗？我都好饿啦。"

"你看看，姥姥年龄大了，只顾着和你妈妈说话，竟把这事给忘了，都是给你吃的。"姥姥一拍大腿，连忙打开包，顺手掰了下来，接着剥好皮。蚂蚱美滋滋地靠在姥姥怀里，就着姥姥的手吃起来。

蚂蚱的爸爸是个大夫，极爱干净，听说姥姥来了，赶忙回了家，进门正好看到这一幕，连忙制止说："蚂蚱，吃东西之前，要洗手的，你忘啦，快，洗手去。"

蚂蚱是个小人精，当然明白姥姥对自己的宠爱，并且知道只要姥姥在这里，爸爸妈妈不会强制自己做不愿意做的事。

"不嘛，我不想洗，再说香蕉有皮，又是姥姥拿着我吃，没事的。姥姥，你说是不是啊？"蚂蚱赖在姥姥怀里，伸着头，吃一口，顺便在姥姥脸上亲一口，"姥姥可爱我啦。"

这一下子，姥姥的爱泛滥成灾："没事，没事，不干不净，吃了没病。"看到蚂蚱洋洋得意的胜利眼神，爸爸无奈地看着正在倒水的思雨说："你看，你看，这还了得？你也不管管孩子，这样下去还了得？"

思雨似笑非笑地看了看那许久没见、亲热成一团的祖孙俩，没理会蚂蚱爸爸的抱怨，却对蚂蚱说道："蚂蚱，姥姥爱你，带来香蕉给你吃，你要是爱姥姥，是不是也该回报姥姥？"

"我当然爱姥姥了，姥姥啊，我长大了，挣好多好多钱，买好多好多好东西给你吃，你可别老啊，你等着哈。"蚂蚱抱着姥姥的脖子，甜言蜜语地哄着姥姥。

"思雨，你这是说的什么话，好久没见到孩子了，给孩子带点儿吃的，这还不应该吗？"姥姥略带责备地教训着女儿。

思雨笑了笑，没回答姥姥的话，继续对蚂蚱说："蚂蚱，我知道姥姥最喜欢什么啦,姥姥最喜欢听故事了。"

"是吗?姥姥,我会讲好多好多故事,你喜欢听哪一个?"蚂蚱开心地叫道。

"是吗,我外孙女这么厉害啊,你讲的我都爱听。"姥姥溺爱地看着蚂蚱回答。

"我看,你就讲《小熊变干净啦》给姥姥听呗。"思雨胜利地看了一眼老公,那神情分明是:孙悟空再厉害也逃不出如来佛的手掌心吧。蚂蚱爸爸哭笑不得地摇了摇头说:"就这小事,也需要斗智斗勇?"

"好吧,姥姥,我讲啦。"蚂蚱离开姥姥的怀抱,站在地上,"早晨,小熊醒来,发现桌子上有一个很大的蛋糕,开心地说,好大的蛋糕啊,是谁买的啊?熊妈妈说,傻孩子,今天是你的生日啊,买给你吃的,小熊手也没洗,抓起蛋糕就吃,蛋糕黏糊糊的,不舒服,就把手放在身上擦擦。吃完蛋糕以后,熊妈妈让他洗手、洗澡,他不听,撒腿就跑了出去,来到了小树林,它爬上爬下,又在地上打滚,弄得浑身上下脏兮兮,玩累了,躺在地上呼呼大睡。睡着睡着,觉得手上、嘴上不对劲,睁眼一看,我的妈呀,好多好多蚂蚁,在它身上爬来爬去,把它的嘴、手都咬肿啦。吓得他边跑边喊,妈妈,妈妈,救命啊。

回到家里,熊妈妈放了一大盆水,把小熊洗得干干净净的,可是,小熊的嘴肿得老高老高,可丑了。从那以后,小熊就变得爱干净啦。姥姥,我讲完了,好听么?"

"好听,好听。"姥姥、爸爸,都在鼓掌。

"哦,蚂蚱,小熊身上为什么会有蚂蚁呢?"思雨笑着问道。

"妈妈,你笨啊,小熊身上有蛋糕啊,蚂蚁闻到香味,去找蛋糕吃啊。"蚂蚱不假思索地回答道。

"那后来呢？小熊为什么会变得爱干净啦？"妈妈接着问道。

"小熊怕再被蚂蚁咬，每次吃东西就洗手啦。"蚂蚱略有所思地看着妈妈。

"小熊这么聪明啊，那你……"妈妈看着蚂蚱，指了指她的小脏手。

"姥姥，我洗手去了。"蚂蚱头也不回地跑到卫生间去了。

对孩子偶尔的小任性，家长不必生气责备，更不要过分指导纠正，给孩子一次机会，他就有可能主动调整。如果孩子一做错，家长就大动肝火，噼里啪啦批评孩子一顿，要求他做出什么保证，并且命令孩子按照自己的方式去做，那孩子就失去了主动改变的机会，自我主动修正坏毛病的能力也会慢慢丧失掉。

> 把自己的快乐分享给别人，让别人也感受自己的快乐，这才是真正的快乐。

6. 学会分享（蜻蜓：5岁）

蜻蜓5岁时，非常喜欢吃小鱼丸。看到外孙女吃得津津有味，姥姥乐呵呵的，很有成就感，几乎每天中午都做。蜻蜓吃饱后，就把剩下的藏起来，不许其他人吃，包括做鱼丸的姥姥，她也不给吃，且振振有词地说："都是我的。"

这天中午，思雨回家拿东西，看到桌子上有碗刚出锅的小鱼丸，热气腾腾的，真香啊！思雨有点嘴馋，顺手捏了一个放在嘴里，味道真不错！妈妈做的就是好吃！

蜻蜓跟着姥姥洗手回来了，正好看到思雨陶醉的一幕，大惊失色，妈妈居然吃了自己的小鱼丸！她急忙跑过来，手忙脚乱地把小碗护在身后，气急败坏地伸出小手指，指着思雨，大声指责："那是我的小鱼丸，姥姥做给我吃的，不许你吃！"

思雨蹲下去，歪着头，看了看她，然后，轻拍了一下面前的小手，再做个鬼脸，站起来，毫无预警地、快速地又捏起了一个鱼丸，伸到蜻蜓面前晃悠着："谁说这鱼丸是你的？"

蜻蜓看着快到嘴边的小鱼丸，以为妈妈要喂给自己，便张开小嘴，没想到思雨手一缩，把鱼丸送到自己嘴里，直起腰来说道："你姥姥还是我妈妈呢！你姥姥给妈妈做的时候还没有你呢。好久没吃小鱼丸了，哈，味道真不错，这是怎么了，我吃了还想吃……"

蜻蜓一听，不好，看来妈妈要和自己抢吃小鱼丸！这下可着急了，也不等姥姥喂，直接伸出小手就和妈妈抢，她哪里是妈妈的对手，怎么能抢得过妈妈！看着逐渐空掉的碗，她忍不住哭了起来："姥姥，我的鱼丸都被妈妈吃了，没有啦！姥姥，姥姥，你看妈妈，呜呜呜……"那吃相，活像三天没吃东西的饿死鬼。

思雨洋洋得意地站着，那神气就像跟谁示威似的，让蜻蜓深感挫败，无计可施的她，只好抱着姥姥的腿放声大哭。

姥姥哭笑不得地看着这娘俩，半天无语，她抱起蜻蜓，哄了又哄，颇为不满地对思雨说道："看你多大的人了，还和孩子抢东西吃，想吃的话，和妈说一声，我多做点不就行了吗？看你，成什么样子！蜻蜓乖，别哭，姥姥再去给你做。"

看着可怜巴巴的蜻蜓，思雨虽然心疼，但是毫不让步地说："妈，你不能这么惯着她，家里的东西，谁都可以吃，像我们小时候，就说拿一块馒头，大家都还分了吃呢。"

蜻蜓见妈妈吃了自己的小鱼丸不仅不道歉，还说姥姥惯着自己，深感冤枉的她开始嚎啕大哭。

一般情况下，蜻蜓不会像其他孩子那样哭闹，有什么要求的话，她会告诉大人，合理的就给办；不合理的，大人也把道理讲明白，事情也就解决了。

前段时间，蜻蜓上了幼儿园，发现了一个问题，不少小朋友对家长有不合理的要求，一旦家长不答应，他们就会大哭大闹，家长见了就会妥协。蜻蜓觉得这法子挺好使，现在竟然活学活用起来了，哭闹着跳下地，学着其他小朋友的样子躺到了地上！

姥姥见了，急忙去拉她："唉哟，我的小宝贝呀，快起来，地上又脏又凉的，快起来，别把衣服弄脏了……"

她的小心思，思雨何尝不明白，看了她一眼，不动声色地对姥姥说："妈，你忙你的去，不用管她，她爱躺就躺，爱哭就哭，随她便。"

"你怎么可以这样说，她是我外孙女，我怎么能不管，都怪你，和她斗什么气！"姥姥见蜻蜓不肯起来，对着思雨发火了。

思雨也有点儿沉不住气了，对姥姥说道："妈，你看这孩子，吃东西想独占，稍有不如意，还躺地上打滚，今天我非要治治她这毛病。"

蚂蚱的姥姥知道思雨的脾气，平时不发火，发火的时候，谁也劝不住，她也明白这是为了蜻蜓好。

"你呀……"姥姥指了指思雨，看了一眼躺在地上蜻蜓，虽然舍不得，但还是走了。

最疼爱自己的姥姥也被妈妈赶走了，蜻蜓更是声嘶力竭地哭闹起来。

思雨对此是充耳不闻，拿起拖把开始拖起地来，当拖到蜻蜓躺的地方时，板着脸说道："来，来，躺过去一点，我要拖拖这儿，别挡着，我拖完了你再躺回来。"

闻听此言，蜻蜓躺在地上，挪动了一下，继续接着哼哼。其实，蜻蜓哭了一会儿就感觉到累，就不想再哭了，现在只是小声哼哼，小眼睛不时地偷瞄着妈妈，仔细观察妈妈拖地的时候，会不会在乎自己的哭闹。

思雨心知肚明，一直假装没看到。思雨拖完她之前躺的地方后，说道："好了，我把这儿拖干净了，你躺回这里继续哭吧。"

好笑的是，蜻蜓居然又挪回原来的地方，躺着继续哼哼唧唧。思雨实在忍不住了，急忙跑到卫生间躲起来大笑起来。

听到妈妈的笑声后，蜻蜓的小眼睛眨巴眨巴，想啊想，这才想明白，原来其他小朋友屡试不爽的招式，在妈妈这里是行不通的，便自己拍拍屁股爬起来了。

直到现在，再也没有人看到蜻蜓躺在地上哭闹。

其实，小孩子用这种哭闹的方式撒娇，只不过是对家长的一种试探、一种手段，利用家长的宠爱和关心，实现自己的目的。第一次达到目的了，就会有第二次，第三次……而且还会变本加厉，当家长明白过来，想要改掉孩子这种毛病时，已经很难了。如果第一次就阻止，他就会知道这样做是行不通，既然行不通，他以后就不会再去做。

记得当时蜻蜓爬起来后，跑到桌子前，见碗里还有几个小鱼丸，便把碗重重一推，恶狠狠地说："我不吃了。"

思雨刚好从卫生间里出来了，马上说道："不吃可以，不过到晚饭前，你都不可以再吃任何东西！就连你最喜欢的酸奶也不可以喝！"

看到思雨郑重其事的脸色，蜻蜓有点心虚，马上补充道："谁说我不吃的，我的意思是——不喜欢和妈妈一起吃，等你吃完了，我再和姥姥一起吃。"说完，嘟着小嘴把脸转到一边去了。

思雨笑了笑，走过来，对她说："你是说，你现在不吃，等我吃完了你再和姥姥一起吃，对吗？"

蜻蜓头也不回，嘟着嘴赌气地说："就不吃，就不吃。"

"好，这可是你自己说的。你不吃，我吃！"思雨马上拿起蜻蜓的碗，把剩下的鱼丸倒进嘴里，"姥姥做的小鱼丸就是好吃呀。"

蜻蜓眼睁睁地看着自己碗里最后的那几个小鱼丸都被思雨吃掉了。

蜻蜓无论如何也不相信自己的眼睛，目瞪口呆地看着空荡荡的碗，这时，思雨再次叮嘱道："记住，晚饭前不可以吃任何东西。"

"妈妈，你太过分了！"蜻蜓拿起自己的小碗，去了厨房。

"今天的小鱼丸真好吃，不知道下次还有没有这样的傻人，拿不吃饭来赌气，要是有的话，我可有口福了，蜻蜓啊，你说饿着肚子赌气的人，她是不是一个笨蛋，是不是一个傻瓜呀……"

饿了一个下午的代价，让蜻蜓明白了一个道理：拿伤害自己来赌气，是件很蠢很傻的事。相信以后她再也不会做这样的傻事了。

从那天开始，思雨经常买些小零食和蜻蜓一起吃，什么葡萄干、山楂片啦，或者虾仁、海苔之类的……

思雨希望用这种方法让蜻蜓明白一个道理：不是只有自己吃得开心才开心，要把自己的快乐分享给别人，让别人感受自己的快乐，才是真正的快乐。

这天中午，姥姥做了蜻蜓喜欢吃的虾仁锅贴，都快凉了，蜻蜓还是站在门前，东张西望，终于等到妈妈回来了，她立刻拿来碗和筷子，还有自己的小凳子，说："妈妈，你怎么才来啊，我都快饿死了，姥姥做的虾仁锅贴可好吃了，妈妈，这个给您，姥姥，您也吃。"

思雨笑了笑，拍拍她的小脸，说："妈妈的牙有些不舒服，不能吃锅贴了，你帮妈妈多吃一点吧，好不好？"

姥姥笑着看了思雨一眼，帮蜻蜓带好兜兜，说："蜻蜓啊，姥姥不喜欢吃虾仁锅贴，下次吃鱼丸的时候，姥姥再陪你一起吃，今天的这份，你也替姥姥吃了。"

蜻蜓高兴地拍拍小胸脯说："我最喜欢吃虾仁锅贴了，我一定帮妈妈还有姥姥把锅贴都给吃完。"

因为是妈妈和姥姥都要求自己帮忙的，蜻蜓发现自己很重要，所以这顿饭吃得格外卖力，吃得是欢天喜地，思雨和姥姥看得也是格外开心。

如果没有学会分享，蜻蜓肯定会认为这是她应得的，吃的时候也不会觉得很开心，哪怕被别人分掉一小口，都会很生气；而已经习惯了分享的她，哪怕是多吃到一口都会感到意外的惊喜和无比的开心。

所以说：让孩子学会分享，将终生受益。

> 当一个人从小就能面对失去、接受失去、习惯失去，那么他在以后的成长的过程中，就会变得非常坚强，发生极端行为的几率，就会变得很小。

7. 接受失去的事实（欢儿：4岁）

周六，思雪带着4岁的女儿欢儿来到姐姐思雨家。

多日不见，几个小表姐妹们自是亲热不已，她们前呼后拥地去了蚂蚱房间，思雨姐妹俩来到书房，相谈甚欢。

"妈妈，妈妈……"随着一声急促的喊叫，气喘吁吁的欢儿闯进了书房，一下子扑到思雪的怀里。

"你快还给我，那是我的……"随后赶来的小蚂蚱，气急败坏地叫着，"妈妈，妹妹上次弄坏了我的芭比娃娃，这次又要拿走我的变形金刚……"

思雨这才发现欢儿的手里，还拿着一个变形金刚。

"宝贝，这是姐姐的，你玩一会儿，就还给姐姐，好不好？"思雪抱起了欢儿，小声问道。

"不好，我喜欢，我要带回家去玩！"欢儿一下子把变形金刚放在身后，"就不给姐姐！"

蚂蚱一听，急了，上来就抢，欢儿只觉得手一松，就发现变形金刚又回到了蚂蚱的手里，她不敢相信似的看着自己空荡荡的手，瞬间嚎啕大哭起来。

听到哭声，蜻蜓急忙跑到书房："怎么了？妹妹怎么了？"

听完蚂蚱的"控诉"，蜻蜓双手拄膝，弯下腰说："蚂蚱，你是姐姐，应该让着妹妹，陪她玩才是啊，毕竟欢儿比你小啊……"

"比我小怎么了，她也不可以把我的芭比娃娃弄坏，再拿走我的变形金刚吧？"振振有词的蚂蚱让哭声渐小的欢儿瞬间变本加厉，越哭声越大。

蜻蜓看看怒气冲冲的蚂蚱，再看看悲痛欲绝的欢儿，实在是无计可施，只好跑回自己的房间，拿来一个布娃娃对欢儿说："妹妹，不哭，看，这个布娃娃真漂亮，姐姐送给你了！"

欢儿看也不看，闭着眼睛就是哭："我不要你的布娃娃，我就要小姐姐的变形金刚！"

思雪看着哭成泪人的欢儿，心疼不已："好孩子，不哭，一会儿妈妈去超市给你买！"

"我不要超市里的，我就要小姐姐这个！"

思雪束手无策，只好再次和蚂蚱商量："蚂蚱，你可不可以把你的变形金刚让给妹妹，我给你钱，你再买个新的？"

蚂蚱看着哭哭啼啼的欢儿，再看看向外掏钱的思雪，不知道如何是好。

蜻蜓见状，忙说："蚂蚱，我现在就陪你去买，好吗？你先把这个变形金刚送给妹妹，不要让妹妹再哭了！"

一直没出声的思雨静静地说了一句："思雪、蜻蜓，不可以把变形金刚给欢儿！你们这样做是害了她！"

思雨这突如其来的一句话，把蜻蜓惊呆了，她停住了脚步，回头看着妈妈，不知如何是好。

思雪也呆了，无论如何也想不到姐姐会说出这样的话，蚂蚱呆呆地站着，看看这个，再看看那个，显然不知所措……

"妈妈，你刚才说什么？"蜻蜓不相信地又问了一次。

看到满是疑问的蜻蜓，思雨叹了口气，又说了一次："我说，你不应该劝说蚂蚱把变形金刚送给欢儿！"

这次，思雪确信自己没听错，有些赌气地说："姐姐，我又没说白要，我不是给蜻蜓钱让她去买新的嘛！"

"妈妈……"一脸不可置信的蜻蜓惊呼道。

"这不是钱的问题，你们这样做，是害了欢儿，知道吗？"看到思雪和蜻蜓不解的眼神，思雨解释道，"这个玩具本来就不是欢儿的，她为了得到这个玩具，才哭的，说白了，这就是人类的天性——贪婪。"

"姐姐，我没想到这一层，只是看着她哭，我就是不忍心了！"思雪有些明白思雨的良苦用心了。

"思雪，这个时候，你急于让她不哭，就会想方设法把玩具要来给她，但是，你有没有想过，这样做是不是真的为她好？会不会更容易助长她的不良习惯呢？"

"对啊，妈妈，这会让欢儿妹妹认为，哭，是可以解决问题的。"蜻蜓恍然大悟地说道，"可是，妈妈，妹妹一直哭下去，也不是个办法啊。"

"欢儿的哭，无非是因为得不到蚂蚱的变形金刚，确切地说是不能接受玩具从她手里失去的事实。事实上，生活中，这样的例子很多：记得前段时间，你单位的领导落选后，整日郁郁寡欢，以致精神失常，而不得不住院治疗，也是这个道理，因为她不能接受权力的失去才落得如此下场；还有你和蜻蜓都认识我朋友家的孩子罗茜，原来是个多么活泼开朗、勤奋好学的孩子，成绩一直是名列前茅，可是在巨大的升学压力面前，她对自己的学习现状老是不满足，再加上亲人对她期望过高，她就不断自我加压，结果，不仅让自己身心疲惫，而且高考发挥也失利，最终，因为没有考取心仪的大学而跳楼自杀。这个惨剧的发生，也是这个道理，因为她不能接受失去心仪的大学才选择自杀。"

　　思雪和蜻蜓都不说话，只是静静地看着思雨，品味着她的话。

　　蚂蚱似懂非懂地看看妈妈，再看看姐姐，实在闹不明白，这些大人都怎么了，大眼瞪小眼，你看着我我看着你，有什么好玩的，于是她走到思雪跟前，拉起欢儿的手说："走，妹妹，到我房间玩去！"

　　看到和好如初的两个孩子，思雪缓缓问道："怎样才能让孩子接受'失去'的现实呢？"

　　思雨略一沉思，轻轻地告诉她："首先，你要接受孩子的哭。只有当你接受了孩子的哭，孩子才能接受'失去'这件事情。"

　　看到思雪若有所思地点了点头，思雨接着说："当一个人从小就能面对失去、接受失去、习惯失去，那么他在以后的成长的过程中就会变得非常坚强，发生极端行为的几率就会变得很小。"

　　听到这里，思雪茅塞顿开了："对啊，姐姐，就连老子都说过，夫唯不居，是以不去。这话我怎能忘了呢？"

　　"妈妈，小姨念的老子这句话是不是这个意思：你越是不在乎失去，这些东西的存在反而越是长久。"蜻蜓转过脸，面对着思雨，问道。

"对啊,解决了这件事情,其实就是解决了一个人的后顾之忧,而且还能在很大程度上,让人更好地拥有现有的一切,不会因为无法接受失去一件重要的东西,产生所难以接受的痛苦,而选择极端的方式,做出过激的举动。"

> 不是说克制本身有多好，而是要知道克制的对立面有多危险。一个放纵自己欲望的人，是没有竞争力的人，是一个随时充满了失败风险的人。

8. "克制"与"创造"（蚂蚱：4岁）

"哇，这么多樱桃啊！"蚂蚱开心地叫起来，要知道，众多的水果中，樱桃可是蚂蚱的最爱。

"妈妈，我可不可以吃樱桃？"蚂蚱盯着樱桃吞了几下口水，回头问妈妈。

"可以啊，不过现在是吃饭的时候，如果现在想吃，你只可以吃3颗，如果饭后再吃的话，你可以吃6颗；要是睡完午觉以后再吃的话，你可以吃到很多颗。"思雨端出两碗米饭，又去盛菜，回头看了看蚂蚱说道。

蚂蚱想了想，说："算了，我还是睡醒以后再吃吧。"

午饭后，蚂蚱看到晶莹剔透的樱桃，实在是垂涎三尺："我可不可以睡一小会儿就起来吃？"

思雨想了想："好吧，就睡'一小会儿'，'一小会儿'以后，我就叫你起来吃，行吗？"

虽然当时蚂蚱对时间没什么概念，不过也知道"一小会儿"是很少很少的时间，于是同意了，并央求道："妈妈，一小会儿，一定要早些叫我起床啊。"

蚂蚱又盯着樱桃看了一会儿，不情愿地闭上了眼睛。

思雨躺在她身边，轻轻地拍着她的小屁股说："一定要睡着啊，光闭眼不算的。"

蚂蚱点了点头，不一会儿便睡着了。

思雨时时观察，一个小时后，发现蚂蚱略有醒的迹象，就俯身到蚂蚱的耳边轻轻地说："快醒醒，'一小会儿'到了。"

蚂蚱立刻睁开了眼："妈妈，我睡到'一小会儿'了吗？"

思雨美滋滋地表功："你看老妈我很守信用吧，'一小会儿'刚到，我马上就叫你了，现在你可以去吃樱桃了。"

蚂蚱开心地点点头，觉得只睡"一小会儿"赚大了。

这招在蚂蚱识钟前很好用，识钟后就没再用过。对思雨的这种"克制力的训练法"，妹妹思雪很是不理解，虽然思雨解释说：想让孩子能够学会克制，必须从训练她的耐心开始。但思雪还是觉得纯属小题大做，不久之后发生的一件事，让她彻底改变了自己的看法。

蚂蚱8岁那年，满大街的商店里几乎都卖卡通图片，什么"美少女战士"、"哪吒"、"葫芦娃"，孩子们不仅喜欢看动画片，还喜欢买卡通图片，甚至还带到学校里比一比，看看谁的最棒。

一个周末，孩子们带着各自最得意的卡通图片来到奶奶家，彼此炫耀："看，我的奥特曼，厉害吧？"

"比不上我的美少女战士。"

"看，我的霸王龙才是最棒的！"……

思雪的女儿欢儿看到哥哥姐姐都在讨论动画片和卡通图片，而她一张也没有，哥哥姐姐也没时间理她，就开始闹腾起来："妈妈，我也要哥哥这样的，还要姐姐那样的！"

"好吧，让姐姐带你去买！"

看到欢儿跟着姐姐开开心心地去了，蚂蚱不以为然地说了一句：

"不都是相同的图片吗？有什么好玩的！"

思雪这才注意到众多的孩子中，唯一没有卡通图片的就是蚂蚱和欢儿了，欢儿还小，看不太懂，没有也是情有可原，蚂蚱这么大了，没有可就说不过去了。于是，她奇怪地问道："蚂蚱，你为什么不买？你不喜欢吗？"

"小姨，你没发现吗？好多人的图片都是一样的，如果我拥有和别人一样的东西，就没什么稀奇的了！只有当你拥有一件世界上独一无二的东西时，才能让别人真正羡慕！"

这意想不到的回答使思雪惊诧万分："你小小年纪，怎么会想到这个问题？"

蚂蚱不假思索地回答小姨妈："因为妈妈说过，老是吃别人嚼过的饭，怎么能够创造出自己的特色和成功呢？只有傻瓜才会那样做！"

"那你就不想拥有卡通图片？"思雪纳闷地问道。

"当然想拥有啦，不过我想拥有的是别人模仿不来的东西，让别人无法拥有，或者拥有了也不具有可比性。妈妈说过，只有拥有了能展现自己真实内涵的东西，才能够彰显自己的个性！这才是聪明人的做法！"蚂蚱骄傲地告诉思雪。

"那如何才能拥有这样的图片呢?"思雪疑惑地追问道。

"妈妈说,让我独立思考、设计,她帮我准备材料,帮我制作。"蚂蚱得意地宣布,"我已经设计好了,东西也准备好了,我们回去就开始制作!"

不久,思雪亲眼见到了蚂蚱的作品:长一尺半,宽一尺的白色硬纸片,中间是个卡通小房子,右上角是一座小山,左下角是一片小树林,房子周围还有栅栏,栅栏前面是一条小河。还有一些小动物卡片,这些小动物随时可以成为这个房子里、山上、树林里的主人。譬如:把狐狸放在树林里,公鸡放在房子里,小乌龟和小青蛙放在小河里,蚂蚱肯定会给你讲起《聪明的小乌龟》这个故事。爷爷住在小房子里,倘若房子旁边有条结了7个葫芦的藤蔓,那么山洞里肯定住着蛇精和蝎子精,这个故事肯定就是小朋友们耳熟能详的《葫芦兄弟》了。

看到蚂蚱拿着各式各样的小动物,眉飞色舞地告诉小朋友们它们是哪个故事里的角色……

思雪由衷地说道:"姐,我明白你的良苦用心了,这不但训练了孩子的语言表达能力,还培养了孩子的创造力,一个孩子想要拥有一件东西是她创造的原动力,而追求这种东西的过程和行为,就是'创造'啊!"

思雨微微一笑,轻轻说道:"蚂蚱性格急,比较要强,我担心她会养成盲目的攀比心,所以我从小就训练她克制力——耐心。"

思雪轻叹一声:"姐,难得的就是,你在训练她的克制力的同时,陪着她一同去创造,创造出来成型的作品,我想这正是目前家长们教育孩子所缺少的!"

"雪,目前看来,我的这种做法挺不错,不仅改正了孩子的不良性格，还避免了孩子相互攀比和盲从！"

"看来，我也需要对欢儿进行这种训练啦！"思雪心悦诚服地说道。

"雪，我不是说克制本身有多好，我而是要知道克制的对立面有多危险。一个放纵自己欲望的人，是没有竞争力的人，是一个随时都充满了失败风险的人。"思雨语重心长地说，"所以，训练一个孩子的耐心必须从小做起。"

> 很多父母对自己的孩子百般疼爱之时，却忘记了，陪着孩子一起玩，一起分享亲情的快乐，才是孩子最需要的！

9. 溺爱中的孩子（家成：5岁）

"老同学，你们来啦！"等候多时的孙童虎看到思雨一家如约而至，笑眯眯地走过来。

"那几个同学呢？"思雨的老公振华锁好车，问道。

"在楼上，就差你啦，上去吧。"孙童虎指了指楼上。

站在这栋占地上百平方的别墅前，思雨看得出来，振华所言不假，他的老同学是非常富有的。

上了二楼，思雨这才注意到楼梯在餐厅那边，餐厅与客厅相连，中间只隔着一扇白色镂空的屏风。

毫无预警的，一个东西飞出来，差点砸在思雨的头上，她大吃一惊，连忙躲避。接着又一件东西飞来，打在了墙上，又弹了回来，正好砸在童虎的背上。接着，一个充满怒气的、清脆的男童声音传来："我就不要这个，我没看中，我要我看中的那个，你们现在就去给我买，必须给我买……"

惊魂未定的思雨定眼一看，落在脚下的是一个电动汽车，看样子，价格不菲，另一个，则是变形金刚，可惜已经"肢解"了。紧跟着追出来的是一位贵妇人，年龄五十七八岁的样子，背脊挺直，步态娴雅，一看就知道，年轻的时候是个精明能干的女人。

思雨眩惑地望着她，贵妇人看到思雨一家，点头笑道："不好意思，是我的小孙子刚才发脾气，让你们见笑了。"接着，她的眼睛已转向孙童虎，"虎子，准备车子，我要和孙子去买新玩具。"

"妈，没看到我约的同学都来了吗，好久没聚聚了，大家见一面不容易，改天再买好不好？再说了，昨天不是刚买了吗？"

"昨天买的不好，我不要，奶奶，我就要新的。"伴随着一声喊叫，一个胖乎乎的小男孩气冲冲地从屋里窜出来，扑进贵妇人的怀里。贵妇人笑着抚摸着男孩子的头。

思雨这才闹明白，原来贵妇人是孙童虎的妈妈，看起来竟然这么年轻！那个胖乎乎的小男孩肯定就是孙童虎的儿子——孙家成了！

蚂蚱弯腰捡起地下的玩具，看了看，不无惋惜地说道："这么好的玩具摔坏了，多可惜啊！"

家成正在奶奶的怀里撒娇，听到蚂蚱的话，才意识到家里还有其他人，抬头看到蚂蚱，居然开心地笑了起来，"这个坏了，不要紧，我房里还有很多呢，走，小姐姐，去看我的玩具！"

见到了同龄人，家成暂时忘记了买玩具的事，又恢复了他的活泼，高兴地拉着蚂蚱去了他的房间。

思雨跟着两个孩子来到家成的房间，房间很大，相当考究，深红色的地毯，深红色的窗帘，床、书桌、书橱都相当讲究。思雨轻轻摇了摇头，小孩子的房间应以童真、童趣为基础，活泼可爱为主调，这格调，太不像个孩子的房间了。再看地上，随地放置的小火车、小汽车、玩具飞机等，甚至在角落里还有未解拆的玩具。这些玩具一看牌子就知道价格不菲，现在却像垃圾一样丢弃得随处都是。思雨粗略点数了一下，不下五六十件。思雨暗自摇了摇头，心里明白，现在的孩子几乎都是家中的"独苗苗"，全家人对他们的宠爱可想而知。

大厅里，思雨和保姆在聊天，突然听到一声男人的吼叫，循声跑过去一看，不禁乐了，不知怎的，调皮的家成居然爬上了麻将桌，双手胡乱拨弄着麻将块，一边笑，一边喊着："小姐姐，上来呀，这里好玩！"

蚂蚱笑嘻嘻地站在那里，只是摇头不动。

本来以为蚂蚱不上去，他一个人玩一会儿觉得没趣就会下去，谁知道一个小时过去了，他还是玩得不亦乐乎，几个大男人见状，就开始轮番劝他下来，可这小男孩平时被宠坏了，现在哪里肯听话，况且还有那么多的观众！于是，又抓起麻将扔起来，自个儿乐得哈哈大笑。

思雨站在那里静静地看着，想知道几个大男人如何"对付"一个男孩子。

孙童虎见怎么说他也不听，十分生气，一声怒吼，准备强行上去把家成抱下来。

思雨暗自摇头，她知道这方法肯定行不通。果然，家成不依不饶，又哭又闹，索性趴在桌子上，滚起来，几次都滚到桌子边上，差点掉下去，吓得孙童虎急忙缩手。

这一闹，保姆和家成的奶奶都跑来，保姆说："这是桌子，不是床，冷冰冰的不舒服，快下来，阿姨带你去床上玩，你快下来吧！"

思雨一听，心想：这个年轻的女孩肯定没结婚，不知道该怎样对孩子说话，非但达不到目的，还会引起孩子的反感。果不其然，家成听了保姆的话，白了她一眼，不满地说："要你管，你算老几，我偏不下来！"

保姆无语了，只好看着奶奶，奶奶和颜悦色地对宝贝孙子家成说："宝啊，爬这么高，摔下来屁股可疼啦。奶奶抱你下来，好不好？"

思雨听了，点点头，动之以情，这话小男孩爱听，有门儿！哪知家成自得其乐地爬起来，甩着小胳膊，得意地说："不怕，奶奶，摔下来爸爸会接着我，我才不怕呢！"

奶奶无可奈何，对孙童虎说："你们几个也都老大不小了，不玩了吧，孩子还小，让他玩吧！"

孙童虎见这样下去也不是个办法，在同学面前也挺没面子，赶紧掏出一把钞票，递给家成："儿子，只要你下来，我就让阿姨带你去买玩具车。"

思雨看了看，心想：诱之以利，也是一种很好的办法，一般孩子都不会拒绝。

果然，家成听说买东西，就不乱动了，看了看爸爸手里的钱，最后却嘴巴一撇地说："买玩具车？我屋子里有好多呢，什么玩具都有，我才不稀罕。"

这下孙童虎也没有好办法了。

振华看了看妻子，又看了看孩子，咳了一声，说道："家成啊，这上面好玩吗？"

家成看了看振华，得意地一仰头，说："好玩。"

振华微微笑一笑："你就不怕摔下来？"

家成咯咯一笑："我不怕，我都会爬树，那么高，我都敢爬！"

振华点了点头,说:"你真是个勇敢的小男子汉,但是勇敢的孩子也应该是个听话的好孩子,讲道理的乖孩子,知道什么是对,什么是错,你趴在这里,让奶奶担心,爸爸生气,叔叔大爷不能玩,就是不对吧?"

听了这话,家成不说话了。撅着小嘴,在思考着。

思雨听了这话,不由得对自己的老公刮目相看。振华看到老婆对自己竖起了大拇指,笑了,继续对他说:"乖孩子不可以给别人添麻烦的,快下来吧!"

谁知道,家成一听要他下来,一翻身,又趴下去了,还是那句话:"我不下去,我就在这里玩!"

说了大半天等于白说了,振华也无计可施,孙童虎气得直冒汗,也不敢说,知道自己的老娘是如何溺爱自己的孩子,情急之下,他拉过思雨就说:"老同学,你就帮帮忙吧,求你啦。"

孙母将信将疑地打量了思雨一番,心想:我们这么多人都无能为力,你一个文文静静的小女人,又能有什么本事?但是病急乱投医,先看看再说吧。

思雨笑了笑,没说什么,对蚂蚱低语了几句,蚂蚱跑了出去。

不一会儿,蚂蚱又跑回来了,手里多了几张彩纸,思雨、蚂蚱各抽出一张,左一折,右一折,三下五除二,思雨就折出一个小青蛙,放在桌子上,然后伸出一个指头,在青蛙的后部轻轻一按,青蛙就向前蹦了一下,再按一下,青蛙又向前跳去。接着,蚂蚱那个也折好了:"妈妈,咱俩来PK一下,看谁的跳得更远,好不好?"

家成趴在桌子上,目不转睛地看着这场有趣的比赛,眼里充满了好奇,他情不自禁地叫了出来:"啊?真好玩,真好玩!"

思雨满面笑容地对他说:"喜欢吗?我送给你,这个地方太小,你没办法和小姐姐比赛!"

小男孩立即欢呼着站起来，伸出双手："阿姨，快把我抱下去，我要和小姐姐 PK！"

他的双脚刚一落地，就迫不及待地伸出双手，接过小青蛙，小心翼翼地放在手里，左看右看，一副爱不释手的样子："走，小姐姐，咱们去大厅比试比试，好不好？"

看到孩子欢快的背影，思雨不由得陷入了沉思：现在的孩子，个个是家人的宝贝，要什么有什么，吃的是越来越精，玩的是越来越高档，就像眼前这个家成，连高档的电动车都看不上眼，却对思雨折的小青蛙喜欢得不得了，这是为什么呢？

很多父母对自己的孩子百般疼爱之时，却忘记了，陪着孩子一起玩，一起分享亲情的快乐，才是孩子最需要的！

> 逢年过节，孩子们都会随着爸爸妈妈走亲访友，只有有礼貌的孩子才受欢迎，才会被他人喜欢。

10. 有礼貌的孩子才受欢迎（蚂蚱：6岁 皮皮：5岁）

大年初二，思雨带着两个女儿——蜻蜓和蚂蚱回娘家吃饭。

思雨娘家的人可真不少，蜻蜓文文静静地和姥姥舅舅们一一打过招呼，蚂蚱则蹦蹦跳跳地跑到他们面前，亲亲姥姥，抱抱舅舅，甜甜蜜蜜一番亲热后，就主动和蜻蜓一起帮着思雨摆碗筷、拿餐纸、摆椅子，忙得不亦乐乎。

说话间，饭菜好了，家人们说说笑笑地来到客厅，准备坐下来吃饭。还没等几个长辈坐下，皮皮和蚂蚱抢先占了凳子，乐呵呵地坐在餐桌旁，等待长辈们一一落座，蜻蜓扶着行动不便的姥爷笑眯眯地站在那里，思雨一见，急忙抱起蚂蚱在她耳边悄悄说："妈妈以前和你说过，长辈没有坐下来之前，晚辈不应该先坐下，你应该等长辈坐下了，叫你坐下你才可以坐下，这样做你才是有礼貌的好孩子，你看，姐姐扶着姥爷站在那里还没找到地方坐呢，你想做像姐姐一样优秀的好孩子吗？那你就……"

还没等思雨把话说完，机灵的蚂蚱赶紧站起来，大声喊道："姥爷，姥爷，快过来，这里有个凳子，你坐呀。"

皮皮一听，着了急，跳下来跑过去，拉着姥爷的胳膊说："爷爷，爷爷，坐我这里呀，我给你占好了，过来吧。"

"你们看，蚂蚱和皮皮真是懂礼貌的好孩子，知道给老人让座了！"思雨不失时机地夸赞起来。

在长辈们的赞美声中，家人们一一落座，随着饭菜的相继增加，几个孩子越吃越欢，看到可乐鸡翅上来了，皮皮一声欢呼："哎呀，可乐鸡翅，我最喜欢吃了！"

"啊！可乐鸡翅，我的最爱，你终于来了！虽然你姗姗来迟，但是丝毫不影响我的食欲……"蚂蚱夸张的表演，把大家逗得哈哈大笑起来，蜻蜓赶紧捂住嘴，把头扭到一边去，一边咳嗽，一边笑。

紧接着，几个孩子竟然同时把筷子伸过来，比赛似的抢吃可乐鸡翅，皮皮更是站起身去夹。思雨看了蚂蚱一眼，发现她满脸兴奋，蓄势待发，这还了得！思雨不动声色地把可乐鸡翅端起来，顺便夹了好几块给蜻蜓，并说："我知道蜻蜓也喜欢吃可乐鸡翅，可是蜻蜓很懂礼貌，只吃离自己近的、眼前的那几个菜，一点儿也没有探着身子或者站起来去挑这个菜，所以，我就多给蜻蜓夹几块，然后，我再看看谁像蜻蜓一样懂礼貌，我也给他夹几块。"

顿时，几个孩子立刻安静地坐在那里，眼巴巴地望着思雨手里为数不多的几块可乐鸡翅，争着说："妈妈，我没抢，我也是个懂礼貌的好孩子……"

"姑妈,我也懂礼貌……"

思雨一一夸赞了他们,皮皮很讨好地看着她说:"姑妈,我也会像蜻蜓姐姐一样……"

思雨说:"那就最好了,你看蜻蜓姐姐吃饭的时候不会轻易说话,她喝水的时候也不会发出很大的声音,她更不会毫无忌惮地把筷子随意伸到别人那边,别人替她夹菜、倒水时,她都会说声'谢谢',而且,你发现没有,刚才蜻蜓姐姐要咳嗽时,她立刻用手捂住嘴,把头转到一边,等咳嗽完了之后才转过身子来继续吃。"

听了思雨的话,几个孩子赶紧捂着嘴转到一边咳嗽两声,以示他们都知道了,都能做好,思雨心领神会,及时夸张地表扬了他们。

> 你用欺骗的方式得到了大兔子，张磊的妈妈会生气的，以后就不会让你和张磊玩了，这样，你虽然得到了一个大兔子，却失去了一个好朋友。

11. 交换玩具起风波（蚂蚱：5岁）

蚂蚱的玩具大都是蜻蜓玩过的，虽然有些旧，但是每个玩具都有名字、有故事，譬如说：墨绿色的小乌龟，是《哪吒闹海》里的龟丞相；黑白相间的狐狸，是《老虎拔牙》里的狐狸大婶；黄色的小青蛙，当然是《聪明的小乌龟》里的乖宝宝啦。

每当和小朋友一起玩耍时，蚂蚱就会绘声绘色地讲述每一个玩具的故事，然后就会得到小朋友们崇拜羡慕的眼神，这让蚂蚱很是开心，并以此为荣。直到有一天，这种局面被打破了。

那天，有个比蚂蚱大两岁，名叫张磊的小男孩儿，拿着一个很大很大的兔子玩具，出现在孩子堆里。这只淡蓝色的兔子，毛很长，两只耳朵里面是淡粉色的，带着小兜兜，还会唱歌。孩子们大开眼界，一窝蜂地跟着张磊走，只为能抱一抱他的大兔子。

看到平时总在自己身边转的小朋友，都跑到张磊那里去了，蚂蚱心里非常难过。她看看龟丞相，摸摸山羊伯伯，再抱抱兔子乖乖，小嘴不停地嘟囔着，向他们倾诉自己的委屈。

这天，张磊的妈妈病了，来到思雨的诊所，张磊抱着大兔子也跟在后面。刚进门，蚂蚱就注意到了，那只大兔子的确很可爱！她目不转睛地瞅着。看到蚂蚱一直看着自己的大兔子，张磊的心里乐开了花，蹦蹦跳跳地来到蚂蚱身前炫耀着："这是我小姨给我买的，怎么样，漂亮吧？"

看到张磊得意的神情，蚂蚱故意扭着头，撅着小嘴，说道："有什么了不起的，我也有，还有好多呢。"

"在哪儿呢？肯定没有我的好看。"张磊不服气地大声嚷嚷着。

"不信吗？走啊！去我家，我带你看看。"蚂蚱和思雨打了个招呼，带着张磊来到家里。在蚂蚱的房间里，张磊看到玩具箱里的玩具不是旧的，就是颜色不一，再不然就是手工制作的，总之，没有一个比自己的大、比自己的漂亮，就忍不住说道："就你这玩具也能比我的好，你看我这个多大、多漂亮呀。"

"你懂什么呀，我的这些玩具，都是些了不起的大人物，你看看，这个是龟丞相，"看到张磊不屑的眼神，蚂蚱急忙拿起那个墨绿色的小乌龟介绍道，"你知道谁是龟丞相吗？"

张磊看了一眼那个小小的旧乌龟，摇了摇头。

"就是《哪吒闹海》里那个很厉害很厉害的龟丞相啊。"于是，蚂蚱讲起了《哪吒闹海》，看到张磊听得津津有味，蚂蚱更得意了，又讲了《葫芦娃》和《黑猫警长》，这下可好，张磊对神勇无比的哪吒、葫芦兄弟、黑猫警长更是佩服得不得了！

听完故事，张磊忍不住问道："蚂蚱，你说，我这只大兔子叫什么呀？有没有故事啊？"

蚂蚱想了想，说："有啊，就是《小兔子乖乖》里的兔妈妈吧？"

听蚂蚱说完这个故事，张磊总觉得自己的大兔子既不如黑猫警长厉害，也不如金刚葫芦娃勇敢，更不如哪吒聪明。最后，张磊说："蚂蚱，我用我的大兔子换你的金刚葫芦娃和哪吒，好不好？"

蚂蚱想了想，虽然自己舍不得哪吒和葫芦娃，但看看张磊的大兔子，满心喜欢，就对张磊说道："那你以后要好好照顾它们，别欺负它们，我就和你换。"

张磊急忙说道："不会不会，快点换吧。"

蚂蚱和张磊交换完毕，张磊拿着哪吒和葫芦娃兄弟跑出了蚂蚱的家，生怕蚂蚱反悔。而蚂蚱得到那只大兔子，也很是开心。

直到张磊的妈妈带着张磊找上了门，思雨这才知道此事，她让张磊和他妈妈先回去等着，她去找蚂蚱了解情况。

思雨拎着张磊还回的哪吒和金刚葫芦娃走进蚂蚱卧室，看见蚂蚱正在给大兔子洗脸。思雨说明来意后，劝她把大兔子还给张磊。蚂蚱一听不但不乐意，还振振有词地说："妈妈，他是自愿的，又不是我抢的，他说话不算话，不是好孩子！"

"这只大兔子是张磊的小姨买给他的生日礼物，留作纪念的，没经过大人同意，你们小孩子私自交换，是不是不对呢？蚂蚱是个好孩子，来，把大兔子还给人家。"思雨把哪吒和金刚葫芦娃塞到蚂蚱手里，欲拿走那只大兔子。

"我不管，他都和我换了，就是我的！"高度戒备的蚂蚱发现了思雨的意图，立刻把大兔子藏在身后。

见此情景，思雨有些生气了，忍不住说道："我告诉你，小蚂蚱，这件事是你错了,必须把玩具归还人家,并向人家道歉!"

"妈妈,你欺负人,是他要和我换的,我又没错,凭什么还回去?"蚂蚱委屈地带着哭声说道。

"你的玩具又旧又小,张磊的又新又大,他为什么要和你换玩具?"思雨不解地问道。

蚂蚱讪讪地小声说道:"我给他讲了《哪吒闹海》、《黑猫警长》、《葫芦娃》等故事,他才和我换的。"

此刻,思雨明白了,心想,孩子们是单纯的,在他们眼里玩具是他们自己的,理所当然可以交换着玩,并不像大人那样还得考虑价格等问题。于是她语气温柔地对蚂蚱说:"虽然是他要和你换的,但也是听了你的故事才换的啊,那算不算是欺骗?再说,人家的玩具是花了很多钱买来的,你的玩具只是花了很少的钱,这样,人家不就吃亏了吗?"

"妈妈,你怎么能这么说呢?玩具是我和张磊的,我们两个都同意换,那就不是骗啊!"蚂蚱忍不住叫道。

"哦?你说说理由!"思雨扬扬眉毛,看着有点恼羞成怒的蚂蚱。

"你看,《聪明的小乌龟》里,小乌龟说自己想上天上玩,还有自己最怕水了,狐狸就相信了对吧?"

"对啊。"思雨点点头。

"那就是小乌龟聪明,狐狸笨啊。"

"那也算是欺骗吧?"思雨问道。

"不能算!上次你给我讲的那个《空城计》,诸葛亮怎么说来着?对了,那叫'兵不厌诈',我用的就是这招'兵不厌诈'!"蚂蚱洋洋得意地说道。

面对这样的孩子，思雨顿时有些无语。

晚上，蚂蚱抱着大兔子蹦蹦跳跳地回到家，看到思雨正在收拾衣服，诧异地问道："妈妈，你要干什么？"随即把兔子一放，扑在床上，"哎哟，妈妈，这是什么？"蚂蚱一个翻身，从身下摸出一个棍子，还没来得及细看，就被思雨伸手抢过去，小心翼翼地放在一边，思雨对蚂蚱说："给我，这是金箍棒。"

"妈妈，你说这是什么？"蚂蚱怀疑自己听错了，忍不住又问道。

"你看看可以，不要弄坏了，这可是一个宝贝！"看到妈妈郑重其事的样子，蚂蚱呆了呆，仔细认真地看了看那个所谓的"金箍棒"，忍不住笑了："妈妈，这是谁弄的，挺好玩的，上面还有字呢，这是什么字？"

"这可是东海龙王的'定海神针'，可长可短，可粗可细，孙悟空写的几个字，念'如意金箍棒'。"思雨很认真地对蚂蚱解释道。

"你从哪里弄来的？"蚂蚱好奇地问道。

"这是一个朋友的宝贝，看我喜欢，朋友要我拿几件衣服和她换，这不，我在柜子里挑了几件，明天和她换去。"

听到这里，蚂蚱张大了嘴巴，惊呼道："妈妈，你受骗啦，那不过是个小木棒，涂上了颜色，写上了几个字，那是假的，你不能和她换。"

"可朋友说，那真的是孙悟空的金箍棒啊！"思雨看拿起"金箍棒"很认真地研究着。

"她说是就是啊，妈妈，你真笨，你好好看看，是不是个小木棒？"蚂蚱看看思雨，大有一副"真受不了你的"样子。

"哦，你确定朋友在骗我，小木棒不是'如意金箍棒'？"思雨看着蚂蚱的眼睛，很认真地问道。

"是的，妈妈，我确定。"蚂蚱点了点头。

"既然如此，我问你，你真的没骗张磊？你的玩具真的是'哪吒'和'金刚葫芦娃'？"话题一转，思雨问道。

蚂蚱没想到妈妈会这么突然将了自己一军，她呆了呆，低下了头。思雨趁机说道："你用欺骗的方式得到了大兔子，张磊的妈妈会生气，以后就不会让你和张磊玩了，这样，你虽然得到了一个大兔子，却失去了一个好朋友。"

"那我不就赔大啦，不合算，妈妈，明天我把大兔子还给张磊！"

> 家长在对孩子身体负责的同时,也要注意心灵上的呵护。

12. 呵护心灵（皮皮：7岁）

一阵突如其来的雷声,惊住了思雨一行奋力攀登的脚步,她和妹妹思雪不约而同地抬头看了看天——要下雨了。他们环视了一下爬得正欢的孩子们说:"孩子们,要下雨了,抓紧去山下的亭子里避雨,小心点,不要摔着!"

刚到亭子,瓢泼大雨顷刻而至。

"雪,你还记得小时候,每到下雨天、病号少的时候,奶奶就会教我们读书、认字。后来就养成了一种习惯,有事没事,我们都会玩词语造句游戏,看谁说得多。"思雨望着从天而降的雨柱,对靠在自己身上的思雪说道。

"姐,你看外面也在下雨,要不,咱也教孩子们玩这个游戏吧!"

思雪直起身来，眉飞色舞地说道。

孩子们一听要玩游戏，先前的垂头丧气全都不见了，一个个聚精会神地听着游戏规则。

思雨看着一个个摩拳擦掌、跃跃欲试的孩子们，点点头说道：

"那用什么来命题呢……"

没等思雨说完，思雪指着外面的雨说："这还用说吗？当然用雨了。"

思雪刚一说完游戏规则，孩子们都迫不及待地举起手，想抢着说："姑妈，我说！"

"妈妈，我说，我说！"……

最后，按老规矩，"剪子、包袱、锤"决定回答的顺序。

第一个回答的是蜻蜓，她略微组织了一下语句说道："我喜欢雨，喜欢看着雨从天空中倾泻而下；喜欢听着雨敲打树叶上的啪啪声，敲在玻璃上的叮叮声；喜欢看着雨沿着瓦片抛出优美的曲线。看那千千万万的雨线，分明就是那淘气的娃娃，分明就是那失落的天使。"

蜻蜓刚说完，身边的小皮皮立刻摇晃着她的手臂问道："姐姐，姐姐，那个千千万万是多少呀？"

听到这么幼稚的问题，孩子们都笑了起来。侄女楠楠笑着回答说："千千等于万，万万等于亿呀！小弟连这个都不知道，可真笨！"调皮的蚂蚱跟几个姐姐也都笑了起来。

没想到这个不经意的问题，会惹来大家的取笑，皮皮顿时神情黯然，转过头去，两眼迷茫地看着亭子外面逐渐变小的雨点。

思雨目睹了整个事情的过程，她深深地看了皮皮一眼，明显地感到，就在这一刻，这孩子不懂就问、回答问题的积极性受到了打击。思雪并没有注意到皮皮的情绪如此懊丧，只当他是不好意思，抬起手拍了拍他那圆圆的大脑袋。

思雨看着孩子们都笑闹得差不多了，走到皮皮身边，把他揽到自己的怀里，说道："现在我有几个问题，想和大家讨论一下。"

听到思雨又有了问题，孩子们的兴趣再一次被引起，霎时安静下来，好奇地看着她。

"第一个问题，就是刚才皮皮提出的'千千万万'，既然楠楠说千千等于万，万万等于亿，那么我们试着换一下，把刚才蜻蜓说的'千千万万的雨花'换成'万亿的雨花'，是什么感觉呢？"

思雨这一问，孩子们都默不作声了，在心里把这句话反复默读了几遍，又仔细地想了想，最后都有了自己的想法。

不大一会儿，蜻蜓开口说道："妈妈，不可以，因为我感觉用'千千万万'有两个好处，第一，用'千千万万'说起来顺口，听起来响亮，而'万亿'的读音没有'千千万万'响亮，听起来还觉得模模糊糊；第二，'千千万万'感觉上，好像比'万亿'多很多。"

对于蜻蜓的回答，思雪是惊叹不已，她微笑着说："蜻蜓，太棒了！这可是汉语修辞中的一个规律，没想到，小小年纪的你竟能从这几个字里悟出来，太不简单了。"

接着，她转过头对孩子们说道："字的重叠可以产生三个效果：一是听得清，二是强调数量多，三是表示程度深，或表示喜爱之情，能给人一种特殊的形象感受。比如，用'飘飘'表达的是轻盈之美，而我们自然就联想到雪花、羽毛等等，用'缓缓'表达的是灵动之态，当然我们就会想到的是河水、溪流，这都是表达作者对其的赞美之情，还有'黑黑的'、'悠悠的'、'瘦瘦的'、'暖洋洋'、'金灿灿'等。"

听到思雪的夸赞，孩子们都看着蜻蜓，眼里满是钦佩和羡慕。这时思雨说道："刚才，思雪只是说了'千千万万'的好处，而没有说为什么不能用'万亿'？'亿'这一词，虽然按数字单位来说，比万要更多，但是因为亿在生活用得非常少，就是在你们学数学的时候，用得也是非常少，给人的感觉不是很深刻，而千和万，在生活中会经常出现，已经融入了我们的生活中，所以即使是都知道亿比万要多，我们也会在形容多的时候，用万而不会用亿。"

孩子们像欢快的鸟儿一样，叽叽喳喳地交流着，唯独皮皮一言不发，望着那些被雨水刷洗过的树叶、青草，以及哗哗流水的山间小溪……思雨拍了拍手，孩子们逐渐安静下来："你们今天又学到了一个新的知识，大家想一想，这个问题最早是谁提出来的？对，是皮皮，你们说，是不是应该感谢他呀？"

看到兄弟姐妹们感谢的目光，皮皮马上挺直了腰板，原来无精打采的小脸，瞬间充满了光彩！

思雨笑了，她知道，皮皮的自信心又回来了，以后遇到不会的问题，肯定还会大胆地提出来。

小小的插曲结束后，游戏还在继续，皮皮还像刚才那样，抢着回答问题，虽然语句有时会不通顺，但是没有人再嘲笑他，而是争着认真地帮他指出，并加以改正。外面依旧淅淅沥沥地下着雨，但再也影响不到皮皮的心情了。

自尊心对每个人来说都很重要，同样，孩子的自尊心也很脆弱。思雨记得小时候，因为老师取笑她唱歌跑调，使得她至今都不敢在生人面前唱歌。思雨知道，如果她不及时帮助皮皮找回自信心，多年后，他可能会像今天的自己，在某些方面充满了自卑，始终走不出那片阴影！所以作为孩子的家长，不但要对孩子身体负责，同时也要更好地呵护孩子的心灵。

> 我们可是有协议的,立下规矩,一定要执行,否则会形同虚设。

13. 妈妈的辞职信(蚂蚱:一年级)

"起床后,梳洗完毕,多看会儿书,少玩会儿游戏,知道吗?我走啦!"

"哎,知道啦,老妈,真啰嗦!"

听到关门声,知道妈妈走了。蚂蚱从被窝里探出头来,长吸一口气,迫不及待地跳下床,冲进电脑房。

最近,蚂蚱学会了在电脑上玩游戏,刚开始,只玩一会儿,后来越玩越熟,渐渐地,在网上逗留的时间也越来越长,从开始的一天一小时、两小时,直到现在一玩就是一整天。思雨多次苦口婆心地规劝,多次软硬兼施,都没多大效果。

这天下午,思雨身体不适,提早回了家,亲眼目睹了蚂蚱的这副邋遢的形象：她蹲在椅子上，赤着脚，披散着头发，电脑桌上摆满空方便面袋、调料包、空饮料瓶子，椅子下是一双拖鞋。

蚂蚱很意外这个时候妈妈回家，待了一会儿，才想起来问道："妈妈，你怎么回来了？"

见妈妈没回答，蚂蚱也没介意，又把头扭过去，接着说："妈妈，妈妈，快来看，这游戏真好玩，我又打死了一个，耶，我真棒！"一阵哈哈大笑后，屁股又落在椅子上，"累死我啦！"

"你从早晨玩到现在？"听到她的笑声，思雨这才回过神来，不敢相信地问道。

"对啊，怎么啦？我同学戚展还说我杀不过他，不把他打趴下，他还不知道本小姐的厉害，哼哼！"蚂蚱神情激昂地说完，重新蹲在椅子上，又开始厮杀起来。

"脸没洗？头没梳？牙没刷？"思雨皱了皱眉头，再次问道。

"哎呀，妈妈，你烦不烦啊，你回书房去吧，不要打搅我玩游戏啦，你看，都怨你，又死了一次，哎呀，又让戚展那臭小子赢了！"蚂蚱皱着眉头，跳下椅子，去推思雨。

"我警告你，游戏可以玩，但不可以没节制，你都玩了一整天，时间够长了，快，把电脑关了，洗脸、梳头、吃饭去！"思雨有些生气地伸出手，想拉她一起去卫生间。

蚂蚱知道思雨的意图，推开她的手，说道："妈妈，你烦不烦？我说过我要玩游戏，你不是不舒服吗，你快去休息吧！"蚂蚱重新跳到椅子上，任凭思雨如何劝说，就是不关电脑，后来干脆不理思雨，自个儿玩去了。

思雨一看，好话说尽，蚂蚱就是不听。这下，思雨的火"噌"地上来了，大声问道："你真的想好了？不听妈妈的话，不用我管你了？"

"对，我不用你管，我就要玩电脑！"蚂蚱斩钉截铁地说道。

"好，我同意，但是，口说无凭，立字为据！"一气之下，思雨立刻去了书房，拿来纸笔，"既然如此，那我就辞职，不再当你的妈妈。"思雨坐起来，走到书房，找出纸和笔，写了一封辞职信：

辞职信

从现在起，思雨不再担任蚂蚱的妈妈一职，原因很简单：蚂蚱上网毫无节制，还对妈妈出言不逊，妈妈让她减少上网时间，蚂蚱不同意，说再也不要妈妈管她了。妈妈虽然很伤心，但也同意了。所以，从现在起，思雨不再是蚂蚱的妈妈了。

辞职人　思雨

当时，蚂蚱已经上一年级了，思雨写的这些字，自然都认识，她惊奇地看着这一切，直到思雨把这封辞职信递到她手里，她才问道："这是什么？"

"这是辞职信，从现在起，我不是你妈妈了，若是还想叫我妈妈，必须减少上网时间！"思雨板着脸说。

"不当就不当，有什么了不起的！不就是个妈妈嘛！哼！"蚂蚱不屑一顾地说。

由于身体不舒服，思雨早早躺下了。不知道什么时候，蚂蚱下了线，像往常一样大声嚷着说自己快要饿死了，思雨没理她，蚂蚱虽然感到有些别扭，但还是找到一包方便面，泡好吃了。

第二天早上，思雨临走之前，蚂蚱还在呼呼大睡。思雨担心蚂蚱没饭吃，下午提前回家了。一进家门，见到蚂蚱又在网上玩游戏，思雨是火冒三丈，但她忍着，没爆发出来。

蚂蚱方便面吃完了，零钱没有了，妈妈辞职了，爸爸出差了，姐姐不在家，蚂蚱这才意识到事情的严重性！衣服脏了，自己不会洗；肚子饿了，没饭吃；零食也吃光了，没钱买；叫妈妈，妈妈还是不理自己，这可怎么办呐？

好在第四天晚上，爸爸出差回来了，看到鼻涕一把泪一把、脏兮兮的小蚂蚱，又看到思雨的辞职信，他真是哭笑不得，一问才知道都是蚂蚱痴迷玩电脑闯的祸！

"老公，以前只是听说有的孩子沉湎于网络、旷课、逃学、偷钱、不听话，从来没想到这事会降临到我们头上——蚂蚱居然会被游戏迷住，当时我就气坏了，幸亏我咬牙忍着，才没把电脑砸碎了！"面对着多日不见的老公，思雨心有余悸地说。

"这样做是否有效？我看这样下去不是办法，孩子不但不听，还会饿坏了身体。"看到极少发脾气的思雨满脸愤恨的样子，他知道，思雨真是气坏了，他拍了拍思雨的肩膀，接着说，"老婆，你想想看，一个人拿了一把刀在街上杀人，带血的钢刀成了罪证，但罪犯的母亲会不会举着钢刀，咬牙切齿地说，'都怪生产刀的厂家、销售刀的商人，诱惑我儿子去杀人，我们要惩治刀铺！'还有，一个人开车撞了人，无论是撞的一方还是被撞的一方，会不会将责任推向出事的车辆？"

"大家要惩治的是司机啦。"思雨眼睛一亮，自言自语道，"没有问题孩子，只有失当的教育，老公，我找到问题的症结了！知道怎么办了。"

蚂蚱爸爸似笑非笑地看着思雨："那你的辞职信？"

思雨有些不好意思地说："我那是一时冲动写下的，现在想来，是有些不合适！看到小蚂蚱的样子，我也舍不得！"

"我说老婆，这样下去也不是个办法啊，你总得找个台阶给孩子下啊！"

"你一个大老爷们也真是的，辞职信不批准，能生效吗？"思雨看到自己的目的达到了，笑嘻嘻地白了老公一眼。

蚂蚱爸爸一拍脑袋，乐了，跑过去一把抱起蚂蚱，窃窃私语起来。

不大一会儿，蚂蚱拿来那封辞职信，欢天喜地地跑过来："妈妈，妈妈，大官不批准你辞职，你还是我的妈妈。"

"我当你妈妈也可以，但是，做我的孩子必须讲道理，做个知错能改的好孩子！你能做到吗？"思雨接过辞职信，一看，哭笑不得，那上面居然画了个大大的笑脸！

"没问题，老妈！"乐坏了的蚂蚱一下子扑到思雨的怀里。

"我想我的女儿也是个有自制力的好孩子，妈妈的辞职信不算了，就你上网的问题，咱们重新签个协议怎么样？"

经过爸爸、妈妈、蚂蚱三个人的慎重讨论，最后达成协议，协议里有这么一条：周六、周日、节假日，在完成作业的情况下，每天上网玩游戏的时间不得超过两个小时。

思雨问："倘若你忘了，超过了两小时，怎么办？"

蚂蚱随口说道："你可以打我的屁股！"

思雨一乐，很大度地说："没问题，时间、地点由你挑，裤子你得自己脱！"

母女在爸爸的见证下，郑重地签了协议。就这样，协议挂在墙上了。开始执行的前几天，当蚂蚱玩到一小时55分钟的时候，思雨找个借口在她视野中出现——去书房拿本书或是抹抹桌子，让蚂蚱知道：监督人在家。

看到蚂蚱一有拖延的痕迹，思雨就会乐呵呵地说："宝宝，咱们可是签有协议的呀，莫非你打算给我一个揍你屁股的机会？你可别说，我真的好期待啊！"

大多数时间,蚂蚱会自觉关机。一周过去了,两周过去了,这天晚上,规定的时间马上就到了,蚂蚱恋恋不舍地对思雨说:"妈妈,我可不可以多玩一会儿?就这一次?"

思雨放下手里的书,非常愉快地说:"可以啊,不过有条件的,超过五分钟,你得让我打一下你的小屁股。"

蚂蚱迟疑了一下,说:"为什么呀?为什么你老是念念不忘想打我的小屁股?"

思雨乐呵呵地说:"第一,我们可是有协议的,立下规矩,一定要执行,否则形同虚设;第二,我很想体验打你屁股时的手感。"

蚂蚱歪着头考虑了一下,问道:"假如我不让你打,又哭又闹,你怎么办?"

思雨看了看蚂蚱,知道她说的是真的,毫不迟疑地回答:"你最好打消这个念头,我会逮住你照打不误,但是,那样的话,一下变成两下,两下变成四下,我没意见,你可以考虑。"

蚂蚱迟疑了一下,说道:"好吧,妈妈,我不哭不闹!"

"那你要自己趴好,我来打你屁股。"思雨很认真地谈好条件。

"嗯,没问题。"蚂蚱同意了思雨的交换条件。

于是蚂蚱多玩了10分钟,回到自己的卧室,自觉地脱下裤子,趴好,换到了两下"打屁股"。思雨至今仍记得,那两下打得她自己的手都发痛。打完后,蚂蚱的脸色非常尴尬,而思雨又非常陶醉地炫耀:"蚂蚱啊,你的屁股打上去,手感真的不错啊,软软的,弹性真好啊,会让人打上瘾的……"

第二天,思雨积极主动地要求她再多玩10分钟,并再三申明太喜欢感受打她屁股的感觉了,希望蚂蚱能再次给她一次享受的机会。

当然,直到现在,思雨也没找到这个机会去享受。

> 神经感觉到的疼痛固然可怕,但更要命的是,藏在它背后的东西——心里对疼痛的恐惧才是最可怕的。

14. 蚂蚱战胜疼痛（蚂蚱：一年级）

暑假的时候,思雨带着蚂蚱回了趟老家。

那是一个偏远的山区,路是弯弯曲曲的羊肠小道,无法通车,所以,思雨和蚂蚱下车后,需要走很远的山路。

敦实的草垛,袅袅的炊烟,粗嗓门的青蛙,还有那争先恐后地卖弄着清脆歌喉的蝉儿,都让蚂蚱惊喜不已,虽然走了很久,但也不觉得累。

"蚂蚱,好好走路,翻过这座小山坡就到奶奶家了。"爬上了一个小小的坡顶,思雨擦了一把汗,看了连蹦带跳的蚂蚱一眼,叮嘱道。

"妈妈,快看,小山羊,我在书本里看到过,快看呀,是它们,咩、咩、咩,哈哈哈……"

山坡下，出现了几只羊，蚂蚱惊喜不已，撇下思雨，狂奔而去，看着忘乎所以、跌跌撞撞的蚂蚱，思雨是胆战心惊，连跑带喊："你慢点，小心脚下，别摔着了……"

"知道了，妈妈，快看，那里有个小哥哥在放羊，我过去看看……"蚂蚱头也不回地喊道，"哎哟，妈妈，快来啊……哎哟……"

蚂蚱毕竟是在城里长大的，像这样崎岖不平的山路，走都不习惯，更何况她是跑起来的。一不留神，她就摔了一跤，爬起来后，发现膝盖擦破了，蚂蚱一看有血渗出来，顿时害怕极了，眼泪汪汪地坐在地上，一点儿都不敢动了。

"啊，没事，只是表皮破了，幸亏我有先见之明，带着碘伏，给你消消毒就好了。"见妈妈这样轻描淡写地说，蚂蚱紧绷的神经才放松了下来。

思雨抱起蚂蚱，随便找了块石头放下，拿出碘伏、找出镊子、棉签，对她说："清理创伤处的时候可能会有点痛，你可以喊疼，但不可以动。"

蚂蚱看着消毒棉签，想起了妈妈平时给病人消毒的场景，没想到今天会临到自己头上，想的多了，恐惧感也就产生了，一听思雨说会痛，刚放松下来的神经又绷紧了，畏缩了一下说："妈妈，可以不消毒吗？我怕痛。"

思雨知道蚂蚱不但怕血，更怕痛，所以平时很少受伤，这会儿害怕，也是情有可原的。"妈妈知道你怕痛，但是不消毒的话，伤口有可能会感染的。"

"感染了，会怎么样？是不是更痛？"

"感染了，会化脓，会更痛的……"

"会死人吗？"

"化脓或伤口不愈合的话，有可能会死人。"

蚂蚱惊惶万分，越想越怕，忍不住嚎啕大哭："妈妈，我不要感染，不要化脓，不要死去，哎哟，你看，妈妈，我又流血啦，我要死了……"

听了蚂蚱的话，思雨差点儿笑出声来，不得不佩服蚂蚱惊人的想象力，看见蚂蚱一副六神无主的样子，就忍了回去。等蚂蚱哭闹够了，思雨站起身来，活动了一下发麻的腿脚，才发现那个放羊的男孩站在不远处，正向这边张望，不经意间，思雨发现放羊男孩的腿也受伤了！她心里一动，对着那个小男孩喊道："小朋友，你过来一下。"

听到喊声，小男孩挠了挠头，一脸茫然地左右望了望，确信只有自己，然后用手指了指自己。思雨看着小男孩可爱的表情，忍不住乐了，又招了招手，喊道："嗯，就你呢，过来一下。"

小男孩确认叫的是自己，牵着拴羊的绳子，一瘸一拐地从小山坡下来。见小主人和妈妈走了，几只小羊羔紧随其后。

看到小男孩步履蹒跚的样子，来自一种母性的本能，思雨急忙喊了声："孩子，你当心点，小心脚下石头！"

小男孩抬头看了她一眼，瓮声瓮气地"哦"了一声。

小男孩牵着山羊来到思雨和蚂蚱面前，几只羊羔"咩咩"地叫着，围着思雨和蚂蚱转悠。有个调皮的小羊羔居然伸出舌头舔起了蚂蚱的手臂，生来怕痒的蚂蚱一下子破涕为笑，似乎忘记了疼痛，顺手去搂小羊羔的脖子："小咩咩，你好可爱噢，过来呀，你别跑呀，我们是好朋友啊……"

小男孩怕羊羔伤着蚂蚱，对着羊羔呵斥了一声。

看到男孩手里的绳子，蚂蚱眉头一皱，计上心来："小哥哥，可不可以给我放一会儿羊啊，就一会儿，好不好？"

男孩看了看她，点了点头，没说话，就把绳子递给了她。蚂蚱接过绳子，乐得咯咯直笑，龇牙咧嘴地站起来，对着几个小羊羔说："小咩咩们，现在我是老大，跟我来，走喽。"说着，牵着大羊和几个小羊羔撒着欢儿跑前跑后，蚂蚱又叫又笑地围着思雨和小男孩转了起来。

不亦乐乎的小蚂蚱，已经暂时忘记了自己的膝盖的疼痛。思雨摇了摇头，又回过头看向小男孩，他的小脸晒得黑黝黝的，全是汗水，也不知是因为天气热的还是膝盖受伤疼的，思雨只觉得心里满是同情与怜惜。

觉察到思雨又在打量自己，那男孩便把双手放在背后，很拘谨的样子。

"来，阿姨帮你看看膝盖。"

看出了小男孩的不自在，思雨蹲下身子仔细查看他的伤处：左膝盖流了不少血，浅的地方已经凝固，深的地方还在渗血，伤口并没清好，一些细小的沙石、草屑附在表面上。虽然没伤着骨头，但是软组织挫伤也够这孩子受的，怪不得他走起路来老是摇摆不稳。

见思雨的手在自己的腿上捏捏按按的，男孩子便把受伤的腿往后挪了挪，好像有点害怕。

"孩子，你是这个村的吗？你叫什么名字？"为了消除小男孩的紧张不安，思雨指着前面的村子，笑着问道，"不要怕，阿姨是医生……"

思雨的话还没说，男孩子便又后退了一步，慌忙说："俺是那个村里的，叫木头，俺不用你检查，俺以前也磕过，等过两天就好了。你还是先看看那个小妹妹吧，俺刚才看见她也磕着了。"叫木头的小男孩指着蚂蚱，慌里慌张地说道。

"木头，妈妈，他叫木头，哈哈……笑死我了，骗人的吧，哪有人叫这名？"和羊玩耍的蚂蚱，累得满头大汗，听了木头的介绍，哈哈大笑起来。

"俺真叫木头，村里人都叫俺木头，阿姨，你还是给她治吧，俺就不用了。"见蚂蚱不相信自己的话，木头急忙解释。

蚂蚱本来已经忘了自己受伤的事了，经木头一提醒，脸顿时又阴下来了，不过又看了看木头受伤的膝盖，便噘着小嘴说道："你看你都流了好多血了，告诉你，刚才我妈妈说了，再不治的话，伤口会感染、会化脓、会死人的，我的比你轻多啦，还是你先治吧。"

思雨何尝不明白蚂蚱的小心眼：无非是想看看自己给木头消毒的时候，木头能疼到什么程度。

"我真的不用，明天就好了，俺娘说了，看医生要花钱，俺没钱，就不看了，天晌午了，俺得回家吃饭了！"小男孩急急忙忙地去赶羊。

思雨拦住要说话的蚂蚱，笑着说："放心吧，阿姨不要你的钱，可以让阿姨帮你处理一下了吗？"

见木头还在犹豫，蚂蚱急忙说道："你不用担心，我们不要你的钱，你快点儿让妈妈帮你处理一下吧。"

"哦。"木头看着这娘俩，一阵莫名其妙。

木头坐在刚才蚂蚱坐的那块大石头上，思雨重新拿出消毒用品。蚂蚱脖子一缩，舌头一伸，做了个鬼脸，生怕思雨改变了主意，先处理自己的伤口，便催促道："妈妈，你看我做什么，快给小哥哥处理呀。"

思雨笑了，拿出几根消毒棉签，同时放在碘伏里，对木头解释道："伤口时间长了，有点干，现在我要把这几根棉签敷上去，等伤口湿润之后，再行处理。但是，棉签敷上去的时候，会有点疼，你怕吗？"

木头摇了摇头。

棉签碰到伤口的一瞬间，思雨明显感觉到木头脸上的汗水增多了，牙齿咬得紧紧的，两只小手也握得紧紧的。思雨笑着安慰道："没有你想象的那么疼，一会儿就好了。"

"木头哥哥，一定很疼吧？你怎么不哭呀？"看到木头的脸上留下的汗水，蚂蚱紧张地说道，"要是疼得厉害，你大声哭，哭出来就好了。"

思雨瞅了一眼蚂蚱说道："人家木头是个坚强的男子汉，才不会哭呢。"思雨接着问道，"木头，你多大了？"

"阿姨，不太疼，我就是有些害怕。俺8岁。"正如思雨说的，没有想象中的那么疼，木头一下子放松了，用袖子擦了一下额头的汗，小声回答道。

"人家木头就比你大一岁，看看人家多勇敢。"思雨头也没抬，对紧张兮兮的蚂蚱说道。

蚂蚱对着思雨扮了个鬼脸。

不一会儿，思雨用一层薄薄的纱布包扎好了，问道："你站起来试试，能走吗？"

"能走呀，阿姨，好多了。"木头站起来，走了几步，比刚才利索多了。

"尽量少活动，你有点轻微骨折，这几天不能再放羊了，我们也去那个村子，正好顺路送你回家。"思雨见木头刚包扎好还要放羊，急忙说道。

"不行，俺娘说这几头羊再养几天，胖了才能多卖钱，好给俺交书费，俺就可以上学了，要是饿瘦了，上学的钱就不够了。"木头没接蚂蚱递过来的奶。

"我不喝，你喝吧。"

思雨听完，心头一阵苦涩，说道："木头，你喝吧，妹妹还有很多呢。"

木头盯着蚂蚱递过来的奶，慢慢地接了过来。思雨接着说："那这几天就叫蚂蚱帮你一起放羊吧，还要放多久？"

木头说:"俺娘说,再过几天去赶集,就可以卖了。"

蚂蚱看着木头拿着奶,却不知道如何打开,伸手拿回来帮他打开,又看向木头的膝盖,好奇地问道:"木头,你不疼吗?这么重的伤,你还敢走路、还敢放羊,你真厉害,太厉害了。"

"哦,不是很疼,以前俺伤着了,俺娘就拿白酒给俺擦,那个才叫疼。"木头学着蚂蚱的样子,用嘴含住了吸管。

"那你不怕疼吗?"蚂蚱喝了一口奶,又问道。

"俺以前也怕,现在不怕了。这东西真好喝,比刚挤出来的羊奶都好喝。"木头也喝了一口,歪着头,看着奶盒问道。

"那是,这牛奶可是加工好的,你不会从来没有喝过吧?"蚂蚱好奇地问道。见木头摇了摇头,蚂蚱接着又问,"你为什么不怕疼呀?"

"阿姨刚才说了,没有我们自己想象的那么疼,都是自己吓唬自己。阿姨,我们一起回家吧!"

一路上,蚂蚱牵着羊,木头在后面赶着,说说笑笑的,一会儿就进了村,两个孩子定好第二天见面的时间,就分手了。

"木头,等一等。"木头停住了脚步,转过身疑惑地看着蚂蚱,蚂蚱一瘸一拐走了过去,把手里的零食递给他,"给,都给你,可好吃了。"看到木头茫然的样子,蚂蚱"扑哧"一声笑了,转身回到妈妈身边。

回到家,爷爷知道了蚂蚱受伤的经过,轻刮了一下她的小鼻子,说:"来,爷爷抱着你,让妈妈处理一下你的伤吧?"

蚂蚱皱了一下小鼻子,满不在乎地说:"没问题,爷爷,我肯定不哭!"

望着前后判若两人的蚂蚱,思雨取笑道:"哟,俺家蚂蚱怎么了?不怕疼啦?"

蚂蚱看着思雨说道:"妈妈,刚才木头的伤比我的重多了,他都能忍住，我也可以忍住的。"

看着双手紧紧搂着爷爷脖子、强作镇静的蚂蚱，思雨笑了笑，着手处理已经干巴巴的伤口。不大一会儿，思雨停住了手，和爷爷相视一笑，静静地看着蚂蚱紧张有趣的小脸。

蚂蚱好久不见动静，就松开了手，说："呀，处理完了？吓死我了！"看了看伤处，真的好了，她不能置信地叫道，"妈妈，也不是很疼啊！"

思雨看着蚂蚱的眼睛说道："呵呵，我也没说会很疼啊！其实，都是你自己吓唬自己罢了！"

疼痛，一听就让人感到紧张害怕，不光是孩子，很多大人同样也感到恐惧。疼痛部分来自神经，另一部分来自内心。神经感觉到的疼痛固然可怕，但更要命的是，藏在它背后的东西——心里对疼痛的恐惧才是最可怕的。

小小的一点疼痛，会在你的内心无限放大。而当疼痛真的来了，则会暗暗诧异：原来也不是想象的那么疼！

> 乱花钱是一个问题,但不是我要打你屁股的主要原因。我今天要打你,是因为:你答应妈妈买黑米馅饼,后来却没买!这叫不守诺言,时间久了,做人就会失去诚信。

15. 做人要诚信守诺(蜻蜓:一年级)

一到闷热的夏天,蜻蜓就会觉得浑身不舒服,找各种各样的借口赖床,能赖多久是多久,一看要迟到了,才匆匆忙忙起床上学,不吃早饭是常有的事。

这天是周一,太阳都出来老高了,蜻蜓才慢吞吞地起床穿衣。姥姥看着时间不早了,再三催促,但她还是不紧不慢的样子,梳洗完毕,背起书包,向外走去。姥姥看见思雨过来了,连忙喊道:"思雨,蜻蜓还没吃早饭。"

抬头看了看火辣辣的太阳,蜻蜓皱了皱眉头,对前来送她上学的思雨说:"妈妈,我真不想吃饭啊。"

"那你想吃什么?告诉妈妈一声。"思雨停下自行车,把她抱上后车座。

"一会儿妈妈送你上学去,晚不了,先吃点东西吧。"

"妈妈,我想吃学校里的黑米馅饼,可好吃啦。"

"哦,就是学校对面的新开的馒头铺?多少钱一个?"思雨骑上自行车,慢慢向前走去。

"10元5个,那个叔叔认识爸爸和你,我去买的话,给我6个。"蜻蜓紧紧抱住思雨的腰,大声说道。

"好,一会儿我给你10块钱,你去买6个,现在吃两个,大课间吃一个,中午吃两个,放学后再吃一个,好不好?"快到学校门口了,学生越来越多,思雨放慢了蹬车的速度,回头对蜻蜓说道。

"我记住了,妈妈,现在吃两个,大课间吃一个,中午吃两个,放学后吃一个,对不对?"到了学校门口,蜻蜓开心地跳下自行车。

"慢点走,看着路,我回去了。"思雨掏出10块钱递过去。

"妈妈,我到学校了,你回去吧!"蜻蜓接过钱,蹦蹦跳跳地追上前面的小同学,一起进了学校。

思雨惦记着没吃早餐的女儿,嘱咐姥姥,一定要在蜻蜓放学前做好她最爱吃的虾仁锅贴。

下午4点半,蜻蜓准时回到了家,见到虾仁锅贴,手也没洗,书包也没拿下来,一把抓起两个,急忙放到嘴里,像是饿了很长时间似的。思雨觉得不对劲,就问:"蜻蜓,你怎么饿成这样子?中午没吃饭吗?"

蜻蜓看了思雨一眼,手一抖,连忙低下头,小声嘀咕了一句。

思雨没听清,更加怀疑了,拿下她的书包,说:"你把东西放下,先洗洗手,一会儿再吃。"

蜻蜓看了思雨一眼,心虚地跟着妈妈来到卫生间。

"你告诉妈妈,中午吃了什么?是黑米馅饼吗?还有,那10块钱是怎么花的?"思雨为她放好水,拿好毛巾,温和地问道。

"中午没钱吃饭了,那10块钱买雪糕了。"蜻蜓低着头洗手,然后小声告诉妈妈。

"早晨上学的路上不是说好了,那10块钱是用来买黑米馅饼的吗?"思雨把毛巾递过去,"我记得,当时你也答应妈妈了,对吗?"见蜻蜓点头承认,思雨再问道,"那你为什么不遵守承诺?"

"妈妈,我本来是要买黑米馅饼的,可是一到学校,就看到好多同学都在吃雪糕、冷饮,我就眼馋了。"蜻蜓小声地辩解着。

"那今天妈妈是不是要打你屁股?你知道为什么要打你屁股吗?"思雨看着蜻蜓的眼睛,很认真地问道。

"妈妈,是不是因为我乱花钱,你才要打我屁股的?下次我不敢了,求求你,这次就免了,好不好?"蜻蜓发现,妈妈的眼里没有开玩笑的成分,她有些害怕了,急忙摇着思雨的胳膊小声求饶着。

"乱花钱是一个问题,但不是我要打你屁股的主要原因。我今天要打你,是因为:你答应妈妈买黑米馅饼,后来却没买!这叫不守诺言,时间久了,做人就会失去诚信,这是其一;其二,你用买黑米馅饼的钱买了雪糕,你想一想,倘若爸爸拿买药的钱买来糖葫芦,能给病人治病吗?"思雨问道。

"不能。"蜻蜓摇了摇头,眼泪快出来了。

"既然你明白这个道理,那也该明白妈妈要打你的第二个理由,你一定要记住:无论何时何地,都要养成专款专用的习惯。"

"嗯,我知道了,妈妈。"蜻蜓点点头,眼泪止不住地流下来了。

"妈妈已经告诉过你,空腹吃冷饮会导致胃病的发生,你这样做就是不爱惜自己的身体,妈妈很心疼,也很伤心。这是妈妈要打你的第三个理由。"

"妈妈，我知道自己错在什么地方了。这样的事以后再也不会发生了！呜、呜……"蜻蜓低着头"呜呜呜呜"地哭起来。

"那你说自己是不是该挨打？"思雨语气温柔地问道。

"该打，妈妈，你打吧！"

那年蜻蜓才6岁，第一次挨打。至今，她再也没犯过这类毛病。

> 你是好孩子，好孩子要敢作敢当，是你做的，你要承认，这就是勇于担当。

16. 勇于担当（蚂蚱：二年级）

周六下午，蚂蚱从辅导班回来时，天快黑了，她抬头看着小区里的楼房，远远地看到了自己家的窗户，她开始不由自主地半走半跳着，心里洋溢着一种难以抑制的喜悦，这喜悦的情绪来源于刚结束的"中小学生书法绘画大赛"，她的油画不但得到了辅导班老师的大加赞赏，还得到了评委老师的认可。这一切都让她欢欣，让她想跳、想唱歌，想让全世界都看到她的画！

蚂蚱刚进小区门口，就看到一辆白色的小轿车停在路旁边，蚂蚱望了一眼，觉得有点别扭，仔细一看，原来是车门上掉了一大片漆。这多难看啊！她停住脚步，歪着头，想了想，有了：我可以在上面画上一幅漂亮的油画啊！

说干就干，蚂蚱先用小刀把车门周围参差不齐的部分清理好，再拿出油彩，很用心地画上了水草、小金鱼、小蝌蚪，旁边是一棵树，画完后，她仔细打量一番，可比刚才好看多了！明天，车主看到这车子一夜之间变得这么漂亮，不知道会有多开心、多高兴啊！

收拾好东西，蚂蚱美滋滋地哼着歌回到了家。

思雨接过蚂蚱的背包，责问道："怎么现在才到家？路上堵车了吗？"

蚂蚱脱下外套，挂好后，兴奋地说："没堵车，刚才在楼下画了一会儿画。好香啊，妈妈，什么好饭，我都快饿死啦。"蚂蚱换下拖鞋，吸溜着鼻子，就往餐厅里跑去。

第二天早晨，思雨接到病人的电话，急急忙忙下了楼，她惊讶地发现平时很安静的小区，居然有好多人在议论着什么，她略一停留，从他们的言谈中得知，邻居王老师家的车，昨晚不知被谁涂鸦了。

思雨担心病人着急，没敢逗留，只是瞄了一眼，心里嘀咕：这油彩涂在车身上不好清理呢，这么贵的车清洗费肯定少不了，也不知道是谁这么恶作剧，会不会是孩子画的？想到这里，心里一惊，不会是蚂蚱吧？

思雨心里一直忐忑不安，处理完病人，和其他大夫交代了一下，就急忙回了家。重回小区的时候，遇到了王老师和他的爱人，还有一些小区居民，大家都愤愤不平。是啊，平时停得好好的车，无缘无故被涂成这样，哪儿能不生气？大家来到小区保卫科把监控调了出来，但是从监控录像上根本看不出来是谁，天太黑了，只能模模糊糊看出是一个小女孩，七八岁的样子。

突然间，思雨想到了昨天下午蚂蚱的晚归，还有蚂蚱无意间的一句话："没堵车，我在楼下画了一幅画！"

她意识到王老师车上的画肯定是蚂蚱的"杰作"。冷静下来,她和大家伙打了一个招呼,急忙回家核实。

蚂蚱在写作业,听到门响,出来一看,居然是妈妈,要知道这个时间段一般是妈妈最忙的时候,看到这个时间妈妈回了家,她很是惊奇,但还是乐呵呵地跑过来说:"妈妈,诊所里没病人吗?你怎么回来了?"

思雨看了一眼扑到自己怀里的蚂蚱,问道:"妈妈看到楼下王老师的车门上被画上了一幅画,你实话告诉妈妈,是不是你昨天晚上画的?"

蚂蚱抬起头来,看了看满脸严肃的妈妈,感到很奇怪,她点了点头,说:"对啊,是我画的,怎么啦?画得不好看吗?"

看到蚂蚱无辜的眼神,思雨脸色缓和了一些,对她说:"画得是不错,但是你为什么要在他的车上画画?"

思雨有些纳闷了,说:"我看到那么漂亮的车掉了漆,很难看,就帮他画上画,我画得是不是很好看?"

听到这个令人啼笑皆非的理由,看到蚂蚱得意洋洋的脸,思雨实在是哭笑不得,她知道蚂蚱的油画画得不错,也喜欢帮助别人,倘若自己处理不当,肯定会伤害了孩子助人为乐的心,她想了想,问道:

"你画的那车是王老师家的,你知道吗?"

"当然知道了,王老师家的王浩和我是同学。"

"那是别人的车,帮助他画画之前,一定要先征得他的同意才可以。你没通过他,自作主张,这就是好心做了坏事。"

"妈妈,你怎么知道我这是好心做了坏事?说不定王老师会很开心的。"蚂蚱信心十足地说。

"告诉你,刚才我在楼下看到了,王老师很生气,王浩的妈妈也很生气,他们现在还在那里大发脾气!"

"那么漂亮的画，他会不喜欢？不可能吧？"蚂蚱不相信地追问。

思雨想了想，说道："他的车上掉了漆，需要使用专用的漆，你使用的油画的油彩只能用来画画，不能用在他的车上，就好像，你的彩笔不能用来写作业，铅笔不能画油画一样。"

"那怎么办？"蚂蚱这才意识到问题的严重性，有些不知所措。

"你应该去给王老师道歉啊。你是好孩子，好孩子要敢作敢当，是你做的，你要承认，这就是勇于担当。"

蚂蚱看着妈妈，没说话。思雨看到她的眼睛里闪过一丝犹豫，那神情分明是说："妈妈，我可不可以不去，反正又没人看到！"

思雨又问她："如果是你的葫芦丝上的画坏了，巴乌上的颜色被涂得乱七八糟，你心不心疼，生不生气？"

"肯定会心疼，会生气的！"蚂蚱想也不想就回答。

思雨说："你的葫芦丝、巴乌一千元钱就可以买到，而人家王老师的车三十几万，你说人家会不会心疼，会不会生气？"

蚂蚱流着眼泪对思雨道歉，说："妈妈，我知道错了！再也不做这种费力不讨好的事了！"

见蚂蚱有了悔意，思雨趁机建议最好能亲自去王老师家一趟。蚂蚱点头，表示同意。

于是，蚂蚱让思雨带着自己，亲自去王老师家道歉。门铃由她自己按，礼物是她亲手折叠的花，上面醒目地写着"对不起"三个大字，一进门蚂蚱就说："对不起，王老师，我不知道在车上画画会给您带来麻烦，请您原谅我。"

看到前来道歉的思雨和蚂蚱，王老师很意外，也很惊讶，他原谅了蚂蚱。

最后思雨和王老师商议，思雨帮他联系一家信誉好的汽车维修部，把车上的油彩都清洗掉，所有的费用由她来出。王老师欣然同意。在清洗车子的时候，思雨和修理厂交代顺便把车子其他地方掉的漆都给补上了。

看到思雨拿出来那么多百元大钞交给修理厂的人，蚂蚱扯了扯她的衣襟，小声说："妈妈，对不起，我以后再也不干这样的傻事了！"

看到满脸懊恼的蚂蚱，思雨笑了笑说："没事，蚂蚱，无须自责，你只不过是好心办了点'坏事'！"

看到焕然一新的车子，王老师觉得过意不去，当天晚上就带着礼品前来拜访，思雨炒了几个菜，振华和王老师相谈甚欢。

王老师走后，思雨对蚂蚱说："王老师很包容，原谅了你，但是你要记住，千万不要把别人的包容当做你再次犯错误的借口，你要学会敢作敢当，学会有责任心，学会感恩。"

自始至终，思雨都没推卸责任，没有逃避，也没有雷霆大怒。事情圆满解决，蚂蚱也认识了错误，学会了担当，获得了谅解。

所以说要想孩子学会担当，有责任心，做父母的首先自己要敢于担当，善于担当。

> 你今后的路很长,可能要面临太多的孤独和无助,还有很多的夜晚、很多的苦难、很多的问题,你终究都要自己去解决、去面对。

17. 孩子自己睡　宜早不宜迟（蚂蚱：二年级）

自从姐姐蜻蜓住校以后,蚂蚱总是找诸多借口要求和思雨一起睡。

"妈妈,我睡不着,我想去你房间和你说会儿话。"

"妈妈,老师说课外阅读要和家长一起背唐诗,我去你房间一起背吧。"

在诸多要求中,思雨总是视情况而定,大多数都会答应,蚂蚱总是在睡觉前,很乖巧地搂着她的脖子或者是抱着她的胳膊,和她说上几句悄悄话,道声晚安。

前天晚上,蚂蚱神色慌张地跑过来说:"妈妈,我屋里有一只蚊子,'嗡嗡嗡'地乱叫,我害怕它咬我,我要跟你和爸爸一起睡。"

蚂蚱屋里有蚊子？这还了得，振华急忙去了她房间，费了好长时间，才找到蚊子，将其打死，心想，这下，蚂蚱可以安心睡觉了吧。

但是，不大一会儿，蚂蚱再次急匆匆地跑过来说："妈妈，我屋里还有一只蜘蛛，我害怕，我还是和你们一起睡吧。"

当时，思雨毫不犹豫地拒绝了她。蚂蚱立刻撅起小嘴，阴沉着一张小脸站在那里，嘴里还念叨着什么，最终发现，妈妈是不会妥协的，只好眼泪汪汪地把脚一跺，冲进自己的卧室，"嘭"的一声关上门。

振华看着紧闭的卧室门，于心不忍地对思雨说："老婆，看样子小东西真的伤心了，肯定认为咱们不再疼爱她了，我看，还是让她和我们一起睡吧？"

思雨看了老公一眼，镇静地说："我又何尝不知道把孩子揽在怀中美美地睡着，是一件幸福惬意的事？但是，孩子已经长大了，需要分床睡，才能逐渐培养她的独立意识啊！"

"孩子不是害怕嘛，看她的小样怪可怜的，我有些舍不得……"知道老公宠爱孩子，思雨叹了一口气说道："蚂蚱不敢自己一个人睡，我觉得，一是，她害怕独立，过分依恋你；二是，你一直纵容着她，舍不得拒绝。这也是你害怕失去孩子的一种表现，你担心她长大了，会脱离你的怀抱，从而失去这种亲密感。作为父母，我们不能太自私，应该帮助她尽早脱离父母，独立成长才对啊。"

思雨的一席话，让蚂蚱爸爸明白了一个道理：正确的教育理念是帮助孩子成长，而不应该是以所谓爱的名义去伤害孩子。

睡到半夜的时候，思雨还不放心，偷偷地走进蚂蚱的房间，开灯一看，床是空的！她吓了一大跳，人哪里去了？她急忙跑到蜻蜓的卧室查看，我的天！蚂蚱正呼呼大睡呢！思雨这才意识到：可能蚂蚱真的害怕那只蜘蛛，才换了房间。

　　早上起床后，蚂蚱没有搭理思雨，看都没看她一眼，更没像往常那样让她帮自己梳头，而是拿了一个面包，径自上学去了。

　　思雨摇了摇头，去收拾她睡觉的卧室。蜻蜓柜子里的衣服，被她扔了一床，被子被她拖到地上，自己的臭袜子扔在地上，书桌上本来很整齐的书本，被她弄得个乱七八糟，真行啊，这小东西，开始学会"报复"妈妈了！就因为思雨的拒绝，蚂蚱居然生气到两天都不和她说话，思雨这才意识到事情的严重性。

　　晚饭后，蚂蚱正在看电视，见思雨过来，头一低，想马上离开，躲进自己的卧室！思雨叫道："蚂蚱，你怎么啦？为什么不和妈妈说话？"

　　蚂蚱眼圈一红，咬着嘴唇，还是不说话。

　　"你是不是觉得妈妈不爱你了？"

　　"对，你不爱我了，你不是以前的妈妈了。"随着这声喊叫，委屈了多日的眼泪夺眶而出。

　　"蚂蚱，你可真是冤枉妈妈了，你静下心来，仔细想想看，妈妈是那种人吗？你应该明白，你和姐姐都是妈妈生命中最重要的部分，如果没有你和姐姐承欢膝下，妈妈的生活一定会黯淡无光；如果没有你和姐姐的欢声笑语，妈妈的生活一定会失去很多光彩的；如果没有你和姐姐陪妈妈吃饭、陪妈妈说话，妈妈的生活会多么的寂寞和无聊啊。"

　　"要是真像你说的那样爱我，那你为什么不让我和你一起睡觉？"蚂蚱边哭边大声责问，"我记得以前，你几乎每个晚上都给我讲故事，听我诉说学校里的事，就算有急病号需要处理，你也会把我哄在床上，给我一本小画书，然后抱抱我，亲亲我，才离开的，哪像现在，对我不理不睬……"蚂蚱越说越委屈，说到最后竟说不下去了。

蚂蚱的话勾起了思雨的回忆，那时候，蚂蚱总是很不情愿地用两只胳膊紧紧抱着她的胳膊，不让她走，小声"呜呜"地哭着，眼里满是泪水。思雨也是强忍泪水，劝开她，快步离开。每一次，思雨总会在门外待一会儿，确认蚂蚱没有哭叫，才悄悄地下楼。处理完病人后，总是归心似箭，回到家时，有时蚂蚱还没有睡，思雨就在她的小脸上亲一下，她仍旧两只胳膊抱紧思雨，让思雨躺下，然后再给她讲故事。她知道，思雨有讲不完的故事，直到她抱着思雨的胳膊甜甜地睡去。有时，思雨到家时，她早已睡着，怀里搂着小画书，偶尔脸上还有泪痕，那时，思雨总是躺在她的身边，静静地看着，直到思雨也睡去。半夜醒来时，蚂蚱的两只小胳膊不知什么时候早已抱紧了自己的胳膊。蚂蚱的这个习惯性动作，直到现在也没有改变。

就是蚂蚱抱紧思雨胳膊这个习惯性动作，让她感慨万千。思雨何尝不明白，她抱紧的是妈妈的爱，她抱紧的是对妈妈的依恋，她抱紧的是妈妈带给她的欢乐，她怕失去她该得到的。因此，她极力想抱紧妈妈，以至于到现在，蚂蚱都上初一了，还极力想把那一点点小小的奢求挽留住。

想到这里，思雨早已泪眼蒙蒙，思雨知道自己欠蚂蚱的太多了。自己的病人多，工作时间长，顾不上孩子，因此从小蚂蚱和爸爸相处的时间最多，她的饮食起居都由爸爸来打理，爸爸对她的极度溺爱，造成了她对爸爸的极度依赖。

短暂的沉默后，蚂蚱有些不习惯了，抬起头来，却发现思雨已经是泪流满面。这一意外发现，让她惊骇极了，慌忙喊道："妈妈！妈妈！你不要哭，不要哭啊，我害怕，妈妈！我知道我错了！我再也不跟你睡啦！"

蚂蚱惊慌失措的喊声惊醒了思雨，她伸手把蚂蚱拉进自己的怀里说："蚂蚱，不是妈妈心狠，是妈妈觉得你长大了，不可能再无原则地答应你了，你初中毕业以后，要去上高中，像姐姐一样，也要住校的，一周才能回来一次，然后，要去上大学，那就要半年或者一年才能回来一次，到那时，你面对的是独立生活，所以说，爸爸妈妈不可能永远陪着你。"

蚂蚱拿起纸巾帮着思雨擦掉眼泪，停顿了一下，思雨接着说："所以说，你今后的路很长，可能要面临很多的孤独和无助，还有很多夜晚、很多的苦难、很多的问题，你终究都要自己去面对、去解决。那时一只小小的蚊子、蜘蛛还会让你害怕吗？"

蚂蚱静静地看着思雨，沉默不语。

思雨接着说："妈妈相信，只要你静下心来想一想，就会理解妈妈现在所做的一切，就会消除对妈妈的误解，即使你不消除，妈妈也不会怪你！总有一天，你也会长大，也会当妈妈，那时候你就会明白，天下所有父母对儿女的爱是最真挚的，是最纯净的，是最不需要解释的！"

蚂蚱的眼睛渐渐地亮起来了，把头依偎在思雨的怀里，小声说："妈妈，我想，我明白你的良苦用心了，从今晚开始，我会自己睡的！"思雨感动的眼泪又流了下来……

> 其实很多时候，孩子有孩子的处理方式，也许他们会处理得比家长想象得更好，他们会在彼此的交谈中、玩乐中成长。

18. 自己的事情自己处理（蚂蚱：二年级）

鲁氏诊所前有一片很大的空地，环境优美，晴天白云的时候，这里自然而然就成为了孩子们玩耍的最佳场所。

暑假又开始了，来诊所前玩耍的孩子们逐渐多起来，有的带着玩具和小伙伴们一起玩，有的带着滑冰鞋和小伙伴们比赛，至于跳绳的、踢毽子的，大都是好几个小女孩一起合作……

小蚂蚱看到那些率性玩耍、欢蹦乱跳的孩子们，十分羡慕，真想过去和他们一起玩，可是又不敢和人家说话，就跑过来央求思雨："妈妈，你看那是杨颖新买的电动玩具车，真好玩，我也想和她们一起玩，你陪我一起过去吧！"

一听这话，思雨自然明白蚂蚱心里是怎么想的，亲了亲蚂蚱说："你看，妈妈现在没时间陪你去，这里还有这么多病人需要妈妈处理，估计下班之前，这些病人是看不完的。要是你真想和那些小朋友玩，可以自己过去和她们说啊，认识了，熟悉了，你们就会成为朋友，以后就可以随时预约，随时一起玩了。"

蚂蚱看了看思雨，不再说话。

思雨看着又站在门口向外看的蚂蚱，心里微微叹气：别看蚂蚱平时表现得很外向，给人的感觉大大咧咧的，其实那只是对熟悉的人，在不熟悉的人面前，她就缺乏主动打招呼的勇气，但愿这次能走出来。

几天来，思雨始终找理由拒绝蚂蚱，蚂蚱也隐隐明白，妈妈是不会帮自己的。终于有一天，她鼓起勇气走向那欢声笑语的小伙伴。看到蚂蚱已经走出了最重要的第一步，虽然猜不出蚂蚱是如何开口的，但思雨觉得这些都不重要，重要的是蚂蚱和杨颖已经玩在了一起，当然，也玩到了一直想玩的电动玩具车，如愿以偿的笑容又洋溢在蚂蚱的脸上。

俗话说得好，万事开头难，有了第一次的经验，下次就不会怯场了。虽然有时候向别人借玩具玩，也会有借不到的时候，不过没关系，因为大多数的孩子，还是很喜欢和小伙伴一起玩自己喜爱的玩具。当然蚂蚱很聪明，她发现带着自己的玩具跟小伙伴们交换玩，更容易玩到自己想要玩的玩具。就这样，蚂蚱慢慢地学会了如何与小伙伴沟通。

那年，蚂蚱7岁，还不会踢毽子，只能眼巴巴地站在那里看几个女孩子比赛，毽子在她们的脚上忽上忽下，忽高忽低，蚂蚱看了，非常羡慕，看得是忘乎所以。这时键子毫无预警地变了方向，几个女孩飞快地跑了过来，顺脚准备去接。蚂蚱看到毽子向自己飞来，下意识地躲开，一转身和其中一个小女孩撞上了，蚂蚱一下子就被撞倒在水泥地上，同时，自己的脸上也被那个小女孩的手指甲划了一道浅浅的伤痕，虽然没有出血，但还是把几个正在玩耍的小女孩吓坏了。

思雨处理完一批病人，感觉有些累，走出门外，准备舒展一下筋骨，却正好看到了这一幕。看着坐在地上揉着屁股的蚂蚱，应该跌得不轻，又看了看那几个惊慌失措的小女孩正手足无措地关心蚂蚱，思雨却抬起头来假装没看到，左右摇晃了几下脑袋，再来了几个扩胸运动，然后180度转身，踱步回屋……

15分钟后，思雨心想：奇怪，怎么没见蚂蚱过来哭诉啊。正想着，门口进来一个病人，好心地对着思雨说："鲁大夫，你闺女脸上划了一道口子，你不给她处理一下？还让她踢什么毽子呀。"

"她踢毽子了？"思雨心里对小蚂蚱甚是惊讶，忙走出去看。

蚂蚱已经成功地加入了踢毽子的行列，一个小伙伴告诉她把毽子放在脚背的哪个部位合适，另一个小伙伴告诉她如何才能踢好，还有一个小伙伴忙着捡回被蚂蚱踢飞的毽子。而蚂蚱呢？踢得满脸通红，看得出来，她玩得非常开心。傍晚，女孩子们要回家了，约定明天还来教她踢毽子。

回到诊所后，蚂蚱自己简单地处理了一下伤口，思雨查看了一下，假装才发现似的问道："咦，谁把我家宝贝的脸划伤的？"

蚂蚱歪着嘴，试着吹了吹伤口，回答道："没事，一起玩的时候，杨颖不小心碰到的。"

"这次怎么没听到你哭啊、喊啊、叫的？"思雨笑着问道。

"当时很疼的，可是我想她们也不是故意的，我一喊的话，她们都不来了，也就不教我踢毽子了。"蚂蚱顺手拉住思雨兴奋地说道，"妈妈，今天看她们踢毽子，我也想玩，可是她们说我不会踢，不带我玩，不过杨颖把我撞倒后，她们就围着我，问我这里怎么样，那里怎么样，我就说我想和你们踢毽子，你们能教我吗？她们马上就教我了呢，妈妈，今天玩得好开心，踢毽子真好玩……"

看着一脸兴奋的蚂蚱，思雨心里也由衷地高兴。

事后，姥姥看到蚂蚱脸上的小伤痕，问清缘由，姥姥对思雨说："你看你这个当妈的，把孩子都教成什么样了，脸都让人弄伤了，不赶紧处理，还顾着玩，这不是傻吗？"

思雨笑了笑，告诉姥姥："她才不傻呢，不信吗？你以后看吧。"

没想到这句话很快就得到了验证。一天，蚂蚱带着杨颖回家起在她的卧室里玩，杨颖看到蚂蚱的书架摆放着满满的两排图书，非常喜欢，蚂蚱就决定送一本给杨颖。蚂蚱的书分为两排，上面的一排是她看过的，下面的一排是她还没有看的。于是，蚂蚱让杨颖在上面她看过的那一排书里挑选一本，但是杨颖看中了下面那一排中的一本书。两人都同样坚持着。

蚂蚱想了一想说："这本书我也没看过，所以不可以送给你，但可以借给你，让你先看。"杨颖高兴地点点头。见她答应了，蚂蚱接着说："上次，妈妈带着我和姐姐一起去图书馆看书，看到她们都拿着借书证去看书，不如我们也做一张借书证吧，你在上面签好名，然后你就可以用借书证来我家借书看，看完这一本后，你再还给我，再借另外一本你想看的，怎么样？"杨颖听完，更是惊喜不已地频频点头。

就这样，两个孩子认真地做了一张借书卡，签上大名，写上日期。送走杨颖后，蚂蚱开心地跑到诊所，和妈妈讲起了自己伟大的创举，思雨听完后，忍不住竖起了大拇指。

孩子要从小学会如何同其他人相处，作为父母不要一味地认为孩子还小，处理不了问题，其实很多时候，孩子有孩子的处理方式，也许他们会处理得比家长想象得更好，他们会在彼此的交谈中，玩乐中成长，最后的结果说不定会令家长们大吃一惊。

> 蜻蜓的语言表达能力和书写能力，没有协调发展，不是同步进行的，书写的速度赶不上语言的流动。等写到那里时，已经忘了刚才说的什么了。

19. "说作文"和"写作文"（蜻蜓：二年级）

蜻蜓比一般孩子说话早，语言表达能力也不错，所以老师开始要求写作文时，思雨根本没当回事，心想：蜻蜓的语言表达能力那么好，又喜欢讲故事，还时不时地给故事里的人物加戏，这区区一二百字的作文还不是轻而易举的事情？

不久，思雨觉得事情完全不是自己想象的那样，蜻蜓本来是个活泼的孩子，一天到晚乐呵呵的，那段时间，几乎听不到她的笑声、看不到她的笑容，就连作业也变得磨磨蹭蹭，不想写。仔细一问才知道，原来都是作文闹得。

每次写作文的时候，蜻蜓都如临大敌般紧张不安，拿着笔发呆，半小时过去了，本子上也写不出一行字。后来，她对思雨抱怨道："妈妈，我们班里有个叫周放的同学很会写作文,老师当范文读了,还表扬了他,要是我也能写出这样的作文该多好啊,唉,你说,我怎么就写不出来呢?我是不是很笨呀!"

思雨听了这番话,笑了:"其实,写作文没有你想象的那么难,是有技巧的,只要你学会了方法,你会发现其实很简单。"

蜻蜓的眼睛一亮,拉着思雨的手,连忙说:"妈妈,那就快教我呀,我要是学会了,就可以写出好多好多的作文了。"

思雨拉过凳子,坐下来说:"好,今天妈妈就教你怎么写作文。"

想到自己马上就可以学会写作文了,蜻蜓开心地叫起来:"太好了,太好了。妈妈,今天老师让写《我的家》,就是介绍自己家里的人。"

"哦,这好写啊,我们家几口人,每个人的外貌、爱好、工作,你都熟悉,照实写就行啦,想想看,这样写是不是很简单?"思雨看着蜻蜓的眼睛,问道。

蜻蜓不假思索地说:"对呀,我的家,我当然熟悉了,家里有爸爸、妈妈、妹妹和我呀。"

思雨点点头,接着问:"对啊,然后,你再逐个介绍,先介绍爸爸,再介绍妈妈,然后是妹妹,最后是你自己。"

蜻蜓想了想,就绘声绘色地描述起来:"爸爸个子高高的,不胖也不瘦,不喝酒也不抽烟,在家里很听妈妈的话,爸爸还是个大夫,每天都会给很多人看病;妈妈个子不高,胖乎乎的,妈妈喜欢看书、写文章,还会给我们讲故事,妈妈也是个中医大夫;妹妹是个小不点儿,很可爱,长得像个洋娃娃,很是喜欢问些奇怪的问题,我很喜欢和妹妹一起玩;最后该说说我自己了,我是个爱说爱笑的小姑娘,走到哪里,就笑到哪里,希望我的笑声能感染周围的每一个人。"

见蜻蜓绘声绘色地介绍完了,思雨模仿着蜻蜓的语气,细声细气地接着说："爸爸像棵参天大树，为我们遮风挡雨；妈妈像个大朋友，和我们谈心聊天；我和妹妹呢，就是我们全家人的开心果。我爱我家……"

思雨的话音刚落，蜻蜓拍手欢笑："妈妈说得真好，妈妈说得真好……"

这些充满童趣的话语，其中不乏对某个细节的描述，实在是出乎思雨的预料，却又让她惊喜不已，快慰不断。她开心地告诉蜻蜓："你说的这些话就是很妙的一篇作文，你只要照着原话写下来，就可以啦。"

蜻蜓不可思议地睁大眼睛，满腹疑虑地问道："妈妈，真的啊，作文就这么简单？"

"对啊，就这么简单，你马上去把刚才对我讲述的那些话，如实记下来，然后拿给我看看。"

听到思雨肯定的答复，蜻蜓半信半疑地回到书房。但是，事情并不像思雨想象的那样好，半小时后，蜻蜓写出来的东西还是干巴巴的，不但字数寥寥无几，语言也不通顺。这时，思雨这才意识到蜻蜓的语言表达能力和书写能力，没有协调发展，不是同步进行的。"说作文"的时候有思雨的目光、思雨的问话、思雨的提醒、思雨的鼓励和引导，但当蜻蜓回到书房后，开始"写作文"时，她是独立的，一个人在写，书写的速度赶不上语言的流动，等写到那里时，已经忘了刚才说的什么了，想不起来就会着急，越着急就越是想不起来。为了证实自己的猜测，思雨又让蜻蜓口头说了一遍，蜻蜓说的还是很完整，让她重写，还是写不出来。为此，蜻蜓懊恼地说："如果老师要求的是'说作文'，而不是'写作文'，那该多好啊。"

思雨听了这有趣的童言稚语，忍不住乐了，随声附和着："对啊，那你就不发愁了，作文一定是最出色的了。"

蜻蜓看了看不停地用铅笔敲着本子的妈妈，双手放在下巴上："谁能想个办法，改变这个习惯，让我们'说作文'，不让我们'写作文'就好了，再不行的话，录下来也行啊！"

这异想天开的话语，让思雨灵光一闪，她叫道："我有办法啦！你把刚才说的作文再复述一遍，我来记录。"

由于匆匆记录，书写潦草，蜻蜓有很多地方看不懂，思雨再用正楷字重新誊写，写完后读给蜻蜓听的时候，蜻蜓十分兴奋，又蹦又跳，她根本就不相信自己能构思出这么好的作文。

看到笑得合不拢嘴的蜻蜓，思雨告诉她："这就是你的作文，完全是自己的创造，妈妈只不过是一字不落地记录下来，你可以再抄一遍，交给老师一定会让老师满意的。但是，有个条件，你不可以一个字一个字地抄，最少是看完一段，抄一段，这样的话，你就会记在脑子里。"

正如思雨所料想的一样，课堂作文评点时，蜻蜓的作文破天荒地被老师在全班范读，直到放学回家后，蜻蜓的兴奋劲还没有消退。

就这样坚持了一年，在这一年中，蜻蜓还是"说作文"，思雨还是帮她记录，但是，有时候，思雨记录了一半没时间继续录，剩下的那一半，由蜻蜓自己记录；还有的时候，思雨只是开了一个头就忙别的事去了，剩下的大部分，蜻蜓只好自己来记录，等思雨忙完回来后，再帮她修改。即便是这样，她的作文还一直保持着很高的范读率，即使后来思雨不再帮她记录，她也没有退步。

有时，蜻蜓会遇到无处下笔的题目，她还会来求助思雨，这时候，思雨就会先听听她的思路，再和她讨论写作素材，然后打开笔记本电脑，两人约定好，一个用钢笔在本子上写，一个用键盘在电脑上写。一般情况下，思雨会把自己的写作方法和技巧写下来，然后互相交换阅读，看是否有启发。思雨网上个人空间发布的作文，还有一些发表在报纸上的许多散文就是在这种情况下写的。

现在，蜻蜓虽然比不上那些写作很优秀的孩子，但再也不害怕写作文了。记得在中考前夕，几乎每天都要写一篇作文，每篇规定不得少于800字，好多同学都在网上下载、摘抄，应付了事，更有甚者，干脆不写。蜻蜓居然每天一篇都是自己写，有的居然洋洋洒洒写了过千字，直到没有地方可写，成就感溢于言表，她自信满满地追问："妈妈，你看这篇作文能比得上你的文章了吧？至少能跟你这么大的时候比了吧？"

此时，对蜻蜓写作文的辅导，已算是取得了一点效果，这让思雨认识到，每个孩子都是聪明的孩子，她跟那些会写作文的孩子没有什么不同，只是大人没找到适合孩子的方法教，孩子也没有合适的机会学到适合自己的写作方法。

> 孩子的事无小事，所有的小事对孩子来说都是大事。父母在小事上有正确的观念，不随便责骂孩子，就是帮助孩子成就了大事，孩子也会以做大事的方式回报家长。

20. 蚂蚱闹情绪（蚂蚱：二年级）

放学回家的路上，蚂蚱开开心心地告诉爸爸：老师说下个礼拜一，带她们去海边公园做义务劳动，要她们每人都准备好小桶、小竹竿、小铲，以备清除小广告之用。

在思雨家里，这可是件了不起的大事。爸爸陪着蚂蚱去超市买桶，姐姐帮她找来小竹竿，妈妈帮她讨来小铲子，为了小蚂蚱这次的义务劳动，全家老少都行动起来了。

礼拜一下午放学后，蚂蚱慢腾腾地进了门，思雨抬头一看，只见她嘟着嘴，耷拉着脸，甩掉书包，见到那些老病人，也不像往常那样嘻嘻哈哈地打招呼了，瞥了妈妈一眼，神情沮丧地坐在沙发上。

徐奶奶一瘸一拐地进门来，手里端着个破安全帽，见蚂蚱一副欲哭无泪的样子，心疼地说："蚂蚱，放学啦，你小伟哥哥逮的小龙虾，徐奶奶送给你玩，快看看，活蹦乱跳的，可好玩了。"

蚂蚱只是瞟了一眼，无动于衷。正在候诊的于爷爷颤颤巍巍地站起来，顺手拿过蚂蚱的小桶，好不容易才走到卫生间，装上水。徐奶奶把龙虾放进去，一起送到蚂蚱眼前，于爷爷顺便坐在另一个沙发上，气喘吁吁地说："蚂蚱，你看徐奶奶送的这些龙虾多可爱啊……"

这一下可了不得了，好似捅开了马蜂窝。蚂蚱忽然嚎啕大哭起来："谁允许你们动我的东西了，谁允许你们动我的东西了？"

于爷爷慌忙站起来，哆哆嗦嗦地向卫生间走去，边走边说道："我把龙虾倒出来，把小桶还你，你别哭啊，好孩子。"

看着于爷爷的背影，蚂蚱一边哭一边说："倒出来有什么用，你们都已经用了……"

思雨见蚂蚱越哭声越大，情不自禁地皱了皱眉头，这丫头平时就像一个开心果，很少有哭的时候，这次哭得这么厉害，肯定受了什么委屈，等忙完了问问她。

见此情景，徐奶奶过意不去了："鲁大夫，你先看看孩子怎么了？先哄好孩子，我们不急，等会儿再治。"

思雨放下针，拉开门，从桌子上拿出卫生纸，弯下腰，帮蚂蚱擦了擦泪，笑着说道："蚂蚱，去卫生间洗洗脸，都快成小花猫了。"

洗完脸，蚂蚱坐到思雨的腿上，情绪才平静了下来，小脸布满委屈，对思雨说："妈妈，老师说话不算数，说去义务劳动又不去了。"

思雨一手揽着蚂蚱，一边为病人做针灸，从她断断续续的诉说中，思雨明白了其中的原委……

晚饭后，思雨和往常一样，坐在沙发上，没来由地叹了一口气："唉，真愁人。"

"啊？妈妈，像你这么聪明的人，也会发愁？不可能吧？"蜻蜓正和蚂蚱下着棋，姐妹俩同时抬起头来，看着思雨，不可思议地问道。

"我说宝贝们，怎么能不愁啊，我是担心咱家诊所，病人越来越少，挣不到钱，那可怎么办啊？你们上学，衣食、学费，需要钱；姥爷常年生病，吃药打针要花钱；爷爷奶奶年龄大了，我们需要养。唉，这哪一样也离不开钱呀，我能不愁吗？你们是不当家不知道柴米贵啊。"思雨煞有介事地叹着气，一副愁眉苦脸的样子。

"不对啊，妈妈，你的医术那么好，我记得咱家从来就不缺病人，哪会有生意不好之说？"蜻蜓落下一颗棋子，顺手拿起一颗樱桃递给思雨，又拿起一颗放在自己的嘴里吃了起来，根本就不相信思雨的话。

"要是因为医术的问题，客源减少，我倒还不冤枉，关键问题不是医术，而是态度的问题导致客源少了，你们说，这是不是天大的冤枉？唉，唉，哎呀……"思雨吐出樱桃核，一连几个叹气，随即把双腿放到沙发上，身体往后一靠，舒舒服服地躺了下去，神情假得让人一眼就能看出来。蚂蚱的爸爸终于看出点意思来，放下手头的报纸有滋有味地看着。

"态度？什么态度？"蜻蜓也看出有些地方不对了，积极地配合着思雨的表演，想知道思雨的壶里到底卖的什么药，顺手把妈妈吐出来的樱桃核接住，连同自己吃的一起放进垃圾桶里。

"姐，该你了，下棋要专心，不能三心二意，你不知道呀？"蜻蜓看了看蚂蚱不自在的样子，再看看妈妈带笑的眼神，心里有些明白了。

"我们虽说是小诊所，但也属于服务行业吧，来治病的人因为身体有病，心里肯定也不舒服，需要关怀，对吧？你看威海的诊所有的是，不缺我们'鲁氏诊所'一家，别家都是热情招待，再看咱家，不但不招呼，还又哭又闹的，唉……我担心呀……下次人家都不来看病了，可怎么办啊！"思雨转过身来，望着蚂蚱长吁短叹，好像天就要塌下来似的，愁眉不展地唠叨着。

"哎呀，妈妈，你看你唠唠叨叨的，有完没完？你还让不让人耳根清净了？你就放心吧，我跟你保证，咱家的客源肯定没问题！你就放心好了！"蚂蚱急忙拿了一颗樱桃堵住了妈妈的嘴，说道。

"哦？你就那么肯定？真的不用我再担心？为什么呀？"听到蚂蚱自信的回答，思雨转过身来，笑嘻嘻地问道。

"因为态度问题收入减少，那不是赔大了吗？我又不傻，再说大家都是带着痛苦来找你看病的，在治病期间，帮助病人减轻痛苦，也算是一种义务劳动吧，所以我决定了，要让妈妈的病人都能开开心心地来我家治疗。"蚂蚱做了一个鬼脸，开心地说道，而后转身对着垃圾桶吐出嘴里的樱桃核，"目标、垃圾桶、落、噗、命中、耶！"

又到了放学时间，"嗨，大家好，感谢爷爷、奶奶、叔叔、阿姨来到开心诊所，我给大家唱首歌：我是一名粉刷匠，粉刷本领强……"听到这快乐的歌声，正在忙着治疗的思雨，由衷地笑了。

这件不经意的小事，让思雨明白了这样一个道理：孩子的事无小事，所有的小事对孩子来说都是大事。父母在小事上有正确的观念，不随便责骂孩子，就是帮助孩子成就大事。孩子也会以做大事的方式回报家长。

> 人与人之间的和谐共处，不是一味地去施舍和怜悯，而是要适当地给对方机会，让他有被重视和尊重的感觉，这样在人格上才平等，才更好相处。

21. 尊重他人（蚂蚱：三年级）

"妈妈，你有没有看到我的那个绿色的书包啊？"看到思雨进了家门，蚂蚱急忙跑过去问。

"干嘛呀？你不是用了两次说颜色不好看，就不用了吗？"思雨边换拖鞋边说。

"不是我要用，我想找来送给我的新同学徐玲玲，我看她的书包都坏了，文具袋还是自己缝的。对了，妈妈，我的那几个不用的文具盒、文具袋也都在吗？"蚂蚱拉着思雨坐在沙发上说。

"哦，全都在书房的书架子下面，左边那个小柜子里……"思雨的话还没说完，蚂蚱已经跑进书房里。

原来，蚂蚱的班上新来了一个名叫徐玲玲的女孩，家庭条件不是很好，就坐在蚂蚱前面的位子上。这不，蚂蚱发现她的书包、文具盒都破损得厉害，再一想，家里有自己不用的书包和文具盒，就想找出来送给她。

"妈妈，我找到了。"蚂蚱喜滋滋地跑过来，左手拎着一个绿书包，右手握着俩文具袋，"妈妈，我给她送去。"

"等一等，你知道她家住在哪里吗？"思雨拦住蚂蚱，问道。

"妈妈，她家就住在我们小区旁边的那个废品收购站里。"蚂蚱转身要走。

"你就这样送给人家，多不礼貌呀。"思雨再次拦住蚂蚱，指了指蚂蚱手中的书包说道。

"为什么？"蚂蚱疑惑地问道。

"你看，书包放那么久了，都有褶皱了，还有一股难闻的味道，你应该先洗干净了，再给她送过去。"思雨解释道。

"啊！妈妈，你没看到，她的书包脏兮兮的，还有补丁，都不能用了，我的这个书包比起她的书包，好多啦！不用那么麻烦吧！"蚂蚱不以为然地撇撇嘴。

思雨白了一眼蚂蚱说："你想，如果别人送你一个价格挺贵，但是有难闻的味道，还脏兮兮的布娃娃，你心里怎么想？如果把布娃娃洗得干干净净再送给你，你又会怎么想？"

蚂蚱听了思雨的话，歪着脑袋想了想，便走进了卫生间。

过了几天，思雨见到了徐玲玲，她比蚂蚱大一岁，长得又瘦又小，穿着不合体的衣服，但是很干净，走路一瘸一拐的，应该是腿部受了伤，蚂蚱领着她来到了思雨的诊所。处理完了伤口，徐玲玲告别了思雨，思雨看着她那弱小的身躯，内心充满了怜悯，于是晚上回到家，让蚂蚱找出几件她不需要的衣服，整理好准备抽时间送给徐玲玲。

第二天，思雨和蚂蚱拿着整理好的衣服来到徐玲玲家的那个废品收购站，徐玲玲一家五口就挤在这个狭窄的地下室里。这里，既是他们生活起居的地方，也是他们收买堆积废品的仓库。

看到蚂蚱来到这里，正在俯下身子整理废品的女人抬起头来，露出了一个友善的微笑，轻轻问道："是蚂蚱呀！来找玲玲吗？她在屋里照顾弟弟呢！你自己进去吧！"说完才注意到站在旁边的思雨，接着问道，"你是……"

思雨看着她的脸，心里一阵难受，忙接口说道："我是蚂蚱的妈妈，带了几件蚂蚱的衣服，想送给玲玲。"

"谢谢你，玲玲有衣服，还是留着你家孩子穿吧！"那女人看着思雨笑了。

"蚂蚱身体长得太快，这些衣服都穿小了，有的穿了一两次，有的还没穿，扔了怪可惜的，你要是不嫌弃的话，就留给玲玲穿吧。"思雨开口说道。

"哪里会嫌弃啊，只是不想给你们添麻烦，那就谢谢了。"那女人放下手头整理的废品，洗了洗手，接过蚂蚱手里的衣服，感激地说道。

从那以后，每当家里有空饮料瓶或废报纸，思雨总是用手袋装好，路过废品收购站的时候，让蚂蚱顺手悄悄放在门口，然后离开。

某个早晨，思雨和蚂蚱仍像往常一样，把一袋旧报纸放在那个门口，准备离开。没想到，那女人竟然出来了，她笑望着思雨和蚂蚱，然后指了指放在门口的旧报纸。思雨和蚂蚱同时愣住了，蚂蚱看了看思雨，思雨对着那女人笑了笑。没想到，她竟然跑过来递给蚂蚱八枚一元的硬币。蚂蚱推拒着说："阿姨，我不要，那是送给你们的。"

见蚂蚱不肯收钱，那女人停了手，认真地看着思雨说："大姐，前几天我就注意到早晨时常有包好的废品放在门口，这是之前的废品加刚才的旧报纸的钱,我知道你们不差这点钱,但是我们是收废品的,虽然挣钱不多,但也算是做生意的,没道理不给你钱的,快拿着吧。"

听了她的话,思雨隐隐感觉脸上发烫,她对蚂蚱说:"蚂蚱,你收下吧!"

蚂蚱虽然不明白妈妈为什么改变了主意,却听话地收了那八元硬币。

看到思雨让蚂蚱收下钱,那女人高兴地转身离开。

事后,蚂蚱对思雨说:"妈妈,为什么要她的钱呀?!我们不是送给她的吗?再说我们要那些废品也没用呀!扔哪里都是扔,我还是把钱还给徐玲玲吧!"

思雨笑着对蚂蚱说:"不用,你没看到我们接到了钱以后,她很开心吗?那是她感觉到我们对她的尊重!"

蚂蚱歪着脖子想了想说道:"还是不太明白呀!"

思雨边走边摸着蚂蚱头说:"我们不接钱的话,她觉得那是我们在施舍,她接受的是怜悯,失去的是尊严;我们接过钱的话,她觉得自己在做生意,属于正常交易,她的感觉是被尊重。"

人的工作有高低之分,生活环境有好坏之分,但是每个人的人格都是平等的。每个人心里都有一份不可侵犯的尊严。俗话说得好:穷要穷得有志气,不论有多穷也不能放弃自己的尊严。同样人与人之间的和谐共处,不是一味地去施舍和怜悯,而是要适当地给对方机会,让他有被重视和尊重的感觉,这样在人格上才平等,才更好相处。

> 你选择了什么样的报复方式，就必须付出什么样的代价！

22. 选择和代价（龙龙：三年级）

龙龙是个顽皮淘气的孩子，8岁那年，因为一点鸡毛蒜皮的小事，和高年级的同学打了架，由于体力和年龄的因素，他吃了亏，胳膊和腿都挂了彩，回家后，放声大哭。

振国一看，急了，抱着龙龙直奔思雨家："嫂子，快……"

思雨见状，急忙接过龙龙，振国站在那里直喘粗气，龙龙看见二妈，又抽泣起来。从他断断续续的诉说中，思雨明白了受伤的原因，扬起眉毛，笑问道："臭小子，你没打过他，是不是心里挺委屈？"思雨拿着几根棉签上下涂抹消毒，龙龙疼得是龇牙咧嘴，直吸冷气，闻听此言，眼睛又是一红："当然是委屈了！呜呜呜……"

振国看看怀里的儿子，再抬头看看思雨，直使眼色，想制止这个话题。思雨假装没看见,接着问:"他以大欺小,你是不是感到很愤怒?"

这下可不得了了,龙龙干脆嚎啕大哭:"对啊,二妈,他那叫欺负人,我当然很愤怒了,快要气死我了!呜呜呜……呜呜……"

看到儿子气成这样,振国是手足无措,心里埋怨起思雨来。

"那你打算怎么办?"思雨再问,"你不打算报仇吗?"

这下,龙龙停止了哭声,抬起头看了看思雨,说:"当然想报仇了!一会儿我找根棍子,明天从背后把他撂倒,再狠狠敲他一顿。"龙龙咬牙切齿地说。

"嗯,我看行!我家正好有根棍子,一会儿你拿着!"思雨点点头,"除了这个办法,你还有别的打算吗?"

见思雨越说越离谱,振国听得是心惊胆寒:"嫂子,你不要跟孩子瞎说!"

思雨白了振国一眼,没理会他,继续和龙龙交流。

"二妈,你帮我弄把枪,我明天从背后开枪打死他!"没想到思雨这么支持自己,龙龙有些兴奋地说道。

"对着,这个办法更解气,我明天帮你借一支,这下你满意了吧?"思雨停止了消毒。

得到了二妈的理解支持,龙龙的情绪渐渐地平静下来了。大约5分钟后,思雨收拾好污染的消毒棉签、镊子等,重新回来,她再次看着龙龙,很认真地问道:"龙龙,你决定了吗?用棍子还是枪?"

龙龙抬头看看爸爸振国说:"你说,哪种好呢?"

振国气急败坏地对思雨说:"嫂子,你今天这是怎么啦?孩子不知道好歹,只是打架而已,你为什么老是揪着这个话题不放?"

思雨似笑非笑地看了振国一眼:"我只有弄明白龙龙选择哪种

方法报仇,才能决定买多少衣服,多少食物,还需要准备哪些东西啊!"

"什么?你说什么?"这出乎意料的答案,令振国父子同时莫名其妙地睁大了眼睛。

"二妈,为什么需要准备这些东西?"龙龙困惑地追问了一句。

"龙龙,我是这样想的:如果你用棍子偷袭他,警察就会把你和爸爸带走,起码要在看守所里蹲3个月,只带一些换洗的衣服即可;如果你用枪射杀他,那么就要在监狱里蹲许多年,那必须要多带一些衣服、鞋子和食物了。所以,只有你决定了报复的方案,你爸爸才能决定准备哪些东西呀,是不是,振国?"思雨对着振国微微一笑,"但是,不论你选择哪种方式,二妈和爸爸都支持你,因为我们爱你。"

"为什么要去看守所和监狱啊?"这出乎意料的回答,真的让龙龙惊愕了。

"因为法律就是这样规定的啊,你看,你和同学打架之后,用棍子偷袭,属于蓄意报复啊,用枪支射杀,那叫故意杀人啊,你未成年,爸爸是监护人,不但要拿钱给人家治疗,还得坐牢啊。"思雨趁机灌输法律知识。

"我的天,原来还得这样啊!"龙龙想想有些后怕了。

"嗯,爸爸不能再工作挣钱了,你在看守所或者监狱里都不能上学,出来后,你就长大了,学校也不要你啦,你爸爸老了,也不能挣钱啦,那怎么办呢?"思雨轻轻地说,像是在自言自语。

"二妈,那我们还是不报复了吧!"龙龙听了思雨的自言自语,想了想后说道。

"龙龙,你现在是不是很生气?"振国抱着龙龙,微笑着看了思雨一眼,小声问儿子。

"爸爸，二妈，现在我已经不生气了，其实，我也有不对的地方，毕竟是我先把矿泉水泼到人家身上的。"龙龙的脸靠在爸爸的怀里，红了。

"既然你都这样说了，那我们也就不追究啦。谁叫你是我们全家人的宝贝呢！唉！白白计划了一番！"思雨装模作样地叹了一口气。

这件小事让龙龙明白了一个道理：你选择了什么样的报复方式，就必须付出什么样的代价！

> 蜻蜓时刻注意，妈妈在买东西的时候，是如何货比三家，精打细算的。

23. 学会理财（蜻蜓：二年级到初中）

小时候，蜻蜓对钱的概念，顶多只是知道钱可以买东西，对于钱的多少和重要性没有什么认识。

大概二年级的时候，思雨和蜻蜓有了一个约定："从现在起，每个月只给她10元钱，想要买什么东西，就用这10元钱买。"

蜻蜓点头同意，开心地接过妈妈递过来的10元钱，转身上学去了。放学后，蜻蜓来到思雨的诊所，嘴里还嚼着泡泡糖，说："妈妈，你看，我吹泡泡，噗——大吧？"说完，弄碎，再吹。

思雨看着吹泡泡糖的蜻蜓笑着问："哟，我闺女会吹泡泡啦，吹得还不小呀，多少钱买的呀？"

"刚学会的，一元一个，我买了两个。"蜻蜓洋洋得意地说道。

思雨"哦"了一声，便继续手头的工作。3天后的傍晚，思雨在诊所忙着，蜻蜓满腹心事地走了进来，也不说话，就在诊所里坐着。思雨放下手里的工作，看着欲言又止的蜻蜓奇怪地问她："今天怎么了？好像不高兴的样子？对了，怎么没有吹泡泡糖呀？！"

蜻蜓看了思雨一眼，低下头，不好意思地小声说道："妈，我想和你商量个事。"

"什么事情啊？你说。"思雨说道。

蜻蜓又看了看思雨，不好意思地说："妈，你给我的10元钱花完了，你能再给我点吗？"

听她说完，思雨马上说道："不行，咱们有言在先，每个月就是10元钱，现在你花完了，这个月就没有了，只好等下个月了！"

"啊！下个月还有好久呢！要不你先把下个月的给我吧！下个月我不要了。"蜻蜓着急地央求着。

"那可不行！"思雨转过身去。

蜻蜓又央求了一会儿，思雨暗自一笑，假装很无奈地说："看在是第一次的份上，我再给你两块钱，你是不是想吹泡泡糖？"

看见妈妈终于要给钱了，蜻蜓马上高兴地点点头。

"好，你知道东面的小商品批发部吧？"蜻蜓疑惑地点点头。思雨接着说，"你现在过去，到那个批发部里买两块钱的泡泡糖。"

虽然不知道妈妈为什么叫自己去那么远的地方买，但是一听买泡泡糖，还是很高兴地跑去了。半个小时以后，蜻蜓气喘吁吁地跑了回来，兴奋地对思雨说："妈……妈妈，你……你知道吗？我……我两块钱买了四个泡泡糖耶。"

思雨递了杯温水给她，一口气喝完后接着说道："妈妈，在我们学校里两元只能买两个，而在批发部里两元钱却能买到四个，为什么呢？"

思雨笑着说道："那是因为差价，你去的那个批发部里，是以批发为主，你们学校的商店是以零售为主，零售商从批发商那里进货，零售价只有超过批发价，他们才会有利润，所以他们的价格会高很多。"

听完妈妈的话，蜻蜓很是懊恼，对思雨说："妈妈，你怎么不早告诉我呀？！我10块钱在学校里只买了10个泡泡糖，你要是早告诉我，我就能买到20个泡泡糖了，现在钱也花完了。"巨大的差价深深地刺激到了她。

思雨笑着摸了摸蜻蜓的头答道："给你钱的时候，不就说好了吗？钱由你自己自由支配，再说用10元钱买个经验，我看值，看你下次还乱不乱花。"看蜻蜓嘟着嘴，思雨接着说道，"买东西之前，必须要比较一下价格，就像妈妈去买菜，一定要货比三家，质优价廉，不能被眼前的假象和诱惑所迷惑。"

自那以后，蜻蜓时刻注意妈妈在买东西的时候是如何货比三家，精打细算的。

蜻蜓姥爷六十大寿那天，思雨在饭店请亲戚吃饭，快要吃完的时候，思雨从包里拿出装着一万元现金的牛皮信封交给蜻蜓，对她说："这是一万块钱，你去结账吧。"

蜻蜓接过信封，应了一声，就去结账了。

舅舅担心地说道："孩子自己去，你也放心呀？要不我陪她去？"

思雨笑着说道："没事，她能行！"

不大一会儿，蜻蜓带着剩下的钱和4瓶雪碧回来。对思雨说："妈妈，这次总共消费了4586元，我对老板说'我们消费了这么多钱，就把零头去掉凑个整吧！'她说可以。她问我要发票吗？我想，反正也没人给我们报销，就没有要，但是要求她们必须给我 4 瓶雪碧，刚开始她只给我两瓶，我对她说她要是给我 4 瓶，下次姥姥过生日我们还来，她笑了，然后给了我 4 瓶。"说完，晃了晃手中雪碧，一副很老练、很得意的样子。

思雨、舅舅，还有舅妈听完哈哈大笑了起来。

现在，思雨还是每个月给她一定的零花钱，但她每次花钱都会精打细算，周末还会去打工，把赚下的钱都存了起来，由于精明能干和精打细算，现在的蜻蜓已经是一个"小富姐"了。

> 很多"熊孩子"之所以是"熊孩子",就是因为他们根本没有学会"自责"。"自责"对于那些不长记性的人来说,是最直接也最有效的惩戒方法!

24. 学会自责(蜻蜓:四年级)

夜幕降临,纷纷扬扬的大雪还在下个不停。

蜻蜓爸爸透过厨房的窗户望去,路灯已经亮了,思雨也该下班了,这天黑路滑的,实在不放心她一个人回家,就解下围裙,打算接她去:"蜻蜓,你看着锅,锅里正小火焖着鱼,10分钟以后把火关掉,我接你妈妈去。"

"妈妈不是喜欢走路回来吗?为什么今天要接?"蜻蜓的声音从电脑房里传来。

"外面不是下雪了嘛,你妈妈这两天感冒了,我不放心,接她去,你看好锅啊,别忘了!"蜻蜓爸爸换好鞋子,下楼接思雨去了。

来到诊所,思雨还在忙,有几个病人在候诊,蜻蜓爸爸换好隔离衣,也帮着处理病人，一个多小时后才处理完。

到了小区的楼下，刚打开车门，就闻到了一股焦味，蜻蜓爸爸大叫一声："不好，准是咱们家的鱼糊了，你慢点走，我先上去看看！"蜻蜓爸爸腿长，性子又急，"噌、噌、噌"地赶紧往家跑。

等到思雨慢腾腾地上来时，满屋都是烟味、焦鱼味，所有的门窗都打开了，蜻蜓呢？傻傻地站在大厅里……

看到思雨进来，蜻蜓怯怯地叫了一声："妈妈，我……"

思雨一看，马上明白是怎么一回事了，急忙向厨房奔去……正对着黑乎乎的锅和鱼发愣的蜻蜓爸爸见思雨来了，抱怨道："老婆，你看如何是好？这鱼……"

紧随其后的蜻蜓眼泪汪汪地说："对不起，爸爸、妈妈，我……"

看见了蜻蜓，爸爸忍不住说道："你多大个孩子了，嗯？连这点小事都做不好，你还能做什么？你看，这饭怎么吃？"他越说越生气，声音忍不住高起来。

"爸爸，人家都说了对不起了，你还说我？不就是个锅吗？在你眼里，锅比我重要吗？"面对爸爸的指责，蜻蜓忍不住反驳道。

"老公，事已如此，不要再说了，我现在头很疼，肚子也饿了，麻烦你再重新做点吃的吧。这锅已经没法用了，蜻蜓，你把它送到楼下的垃圾桶里吧。"看到思雨疲惫的样子，父女俩不再言语，各忙各的去了。

蜻蜓走了，思雨对蜻蜓爸爸说："孩子大了，有自尊心了，不要轻易大声说她。再说了，大人也有疏忽的时候，何况是个孩子！"

"我不是怕她不长记性嘛，再这样下去，早晚会吃大亏的，今晚是个例外，再来晚的话，想想就后怕。"

"把她打一顿、骂一顿，是挺容易的，做起来也痛快，但是，这也不能解决问题吧？就怕以后孩子不知道错在哪里，还会记恨你！"

"那你有什么好办法能让她长记性？"

"我想借这个机会让她学会自责吧，学会了自责，她也就长了记性。"

"自责？什么自责？说来听听！"蜻蜓爸爸好奇地问道。

"就是让孩子意识到自己错了，这还不够，还要让她自己都不能原谅自己，这才是我的目的。"思雨很认真地对老公说道。

"自责，有那么重要吗？"蜻蜓爸爸迟疑地问道。

"很多'熊孩子'之所以是'熊孩子'，就是因为他们根本没有学会'自责'。'自责'对于那些不长记性的人来说，是最直接也最有效的惩戒方法！"

"那你打算用什么方法让孩子学会自责？"

"让孩子学会自责的关键，就在于痛陈利害，这要充分地运用语言功能，最好是'联想'与'假设'这两种修辞手法，造成一个完全合乎逻辑却又无比可怕的景象，唯有如此，她的自责心理才会生根发芽。"

饭后，屋里的焦味淡了不少，蜻蜓爸爸起身关门闭窗。思雨自言自语地说道："老公啊，幸亏我们回来得及时，只是锅坏了，假设我们回来晚了，煤气发生爆炸，那可怎么办？想一想，我就害怕啊！"思雨拍拍胸口，心有余悸地说。

"对啊，也怪我粗心大意，应该打电话提醒一下蜻蜓，幸亏只是鱼糊了，万一煤气管着了，那后果就太可怕了，我想都不敢想啊！"蜻蜓爸爸接过话题，有些自责地说道。

"煤气爆炸？管道着火？那会是什么情况？"蜻蜓有些不明白，看看爸爸，再看看妈妈，都是一副害怕的样子，她很不以为然地问道。

"我可不会描述，也不敢描述，怕吓着你！"思雨一副怕得要死的样子。

这下蜻蜓的好奇心被勾引起来了："爸爸，你来告诉我，会是什么样子？"

"我也不会描述，网上应该有这样的图片，你可以上去搜搜看啊，看完了回头跟我们描述一下哈！"蜻蜓爸爸建议道。

蜻蜓半信半疑地重新进了电脑房，蜻蜓爸爸推了一下思雨，小声问道："老婆，等会儿就知道你的法子好用不好用了。也不知道她看了那些图片会是什么样子，刚才还是不以为然。"

"那是她对这件事的后果认识得不深刻，没意识到这种行为的后果有多严重，肯定不会产生自责心理……"

"爸爸，妈妈，这太可怕啦，我的天啊……"蜻蜓的惊叫声，打断了思雨和蜻蜓爸爸的小声交流，他们相视一笑，来到了电脑房。

那些各式各样的煤气爆炸后的事故现场图片，不是残垣断壁，就是门窗破裂，人身上都是血肉模糊的。这些意料不到的镜头，惊得蜻蜓的小脸愕然而凝重，而后就充满了深深的自责。这时候，蜻蜓才意识到自己的一个小小疏忽，可能造成的危害有多大。

思雨相信，从那个晚上开始，蜻蜓已经学会了自责！

> 因为我们想要孩子,所以这孩子就成了我们的心肝宝贝。

25. 生命就是这样来临的（蜻蜓:10岁 蚂蚱:6岁）

邻居家新生一子,邀蜻蜓、蚂蚱过去玩。邻居问:"我儿帅吧?"蜻蜓看了一眼出生不久的孩子,抿嘴一笑,没说话;蚂蚱仔细观看,良久后,很认真地回答:"头,很像梨疙瘩。"

初为人父的邻居听后又惊又怒。蚂蚱又问:"他从哪里来?"

邻居没好气地回答:"回去问你妈,你从哪里来的,他就从哪里来的。"

10岁的蜻蜓已会察言观色了,她知道这话不好听,拉起妹妹就走。"我妈肯定知道我从哪里来的,她才不像你这么笨。我妈比你有学问多了!"6岁的蚂蚱头一拧,不服气地回头说道。

晚饭后，思雨和蜻蜓、蚂蚱趴在床上等待出诊的爸爸回来。

"妈妈，我从哪里来？"蚂蚱问了这一整天都念念不忘的问题。

"说来话长，我该从哪里说起呢？"思雨略一沉思反问蚂蚱。

"从你和我爸爸认识开始吧。"活泼的蚂蚱抢着回答。

在女儿期待的目光中，思雨像往常一样，从床头柜里拿出一个封面上写着"教子有方"的记事本，那里面详细记载着思雨和女儿们聊的每一个话题。文静的蜻蜓顺手接过来，随即打开，放在思雨面前。思雨又接过蜻蜓递过来的笔，转过身来说："那就从爸妈相识开始吧。"

"爸爸妈妈是在大学图书馆相识的，只因为爸爸的一句'好喜欢素面朝天不施铅华的你'，妈妈便死心塌地嫁给了这个风度翩翩的书呆子。

结婚后，爸爸上夜班时，妈妈一个人在家，挺孤独的；妈妈上夜班时，爸爸一个人在家，也挺无聊。怎么办呢？于是，妈妈和爸爸商量：'我们制造一个孩子吧！'制造东西是需要原料的。"说到这里，思雨在笔记本上写下四个字"制造、原料"。

看到思雨刚刚写下的字，蚂蚱问道："姐姐，你认识这四个字吗？"

"认识，这是'制造'，这是'原料'。"蜻蜓指着笔记本上的字，认真地说。

"就像我们上次制作十二生肖的时候，大碗面空盒、彩纸、双面胶就是原料，剪刀就是工具，过程就是制造，对吧？妈妈。"

望着蜻蜓和蚂蚱询问的眼神，思雨一把揽过两个宝贝女儿，亲完左边这个，又亲右边那个，一声赞叹："我的宝贝太棒了，解释得非常好。"

听到妈妈的表扬，蜻蜓兴奋得小脸通红："那，妈妈，你和爸爸是如何制造我们的？使用什么东西作为原料？"

"就是啊，就是啊，快说啊，妈妈。"唯恐天下不乱的蚂蚱紧跟着瞎起哄。

放开两个女儿，思雨接着说道："因为我们想要孩子，所以这孩子就成了我们的心肝宝贝。既然是宝贝，当然需要精华来制造，于是爸爸拿出身体的一部分精华——精子，妈妈拿出身体的一部分精华——卵子，把它们放在一起，就形成了一个受精卵，一般胎生动物都从一个受精卵开始，把这个受精卵放在哪里最合适呢？放在外面风吹日晒，妈妈不放心；放在家里狗啊、猫啊的会跑来叼走，爸爸又担心。经过多次探讨，爸爸妈妈一致同意，把这个受精卵放在妈妈的子宫里。"

于是，蜻蜓看到思雨在本子上又写下了"宝贝、精子、卵子、受精卵、胎生动物、子宫"。接着，思雨在"精子"下面画了几条小蝌蚪一样的图形，在"卵子"下面画了一枚'风火轮'样的图形，而受精卵的那一行，思雨画的则是好几幅简笔图，胎生动物却是一个成型的胎儿简易图，最后画的是子宫。

"妈妈，你画的都是些什么呀，这个，是小蝌蚪吗？这个，是哪吒的风火轮吗？这些，我都不认识，这个嘛，倒像个大鸭梨。"蚂蚱左看右看，最后摇了摇头，诧异地睁大眼问思雨。

蜻蜓似懂非懂看着妹妹抿嘴直乐，思雨瞥了蜻蜓一眼，敲了一记蚂蚱的头，指着图片讲解道："这是爸爸的精子，这是妈妈的卵子，把它们放在一起就形成了这样一个受精卵，这是妈妈的子宫，这个受精卵在这个地方住下来的过程，叫着床，从这里开始，不再叫受精卵，叫胎儿，这是两个月的胎儿，这是4个月的胎儿，这是6个月的胎儿，这是8个月的胎儿，已经成型了。"

"真丑，妈妈，它没有小娃娃漂亮。"蚂蚱撇撇嘴，说道。

"所有的孩子都这么长大吗？都这么丑吗？"蜻蜓看着妈妈画的那些图片问道。

思雨点了点头，表示默认。

"可是我怎么和你打招呼啊？"蚂蚱抬起头来，看着妈妈，睁大眼睛迷惑不解地又问道。

"4个月以后，你们不甘寂寞，开始在自己的小世界里拳打脚踢了，那就是人们说的'胎动'。一般情况下，4个月大的胎儿就开始有'胎动'了。"思雨摸着蚂蚱的头解释着。

"我们拳打脚踢的时候，你会觉得痛吗？"蜻蜓摸着思雨的肚皮担心地问道。蚂蚱则翻过身来，仰面躺着，手舞足蹈地说："妈妈，妈妈，我是不是就这样，嘿哈，嘿哈的，打拳击？"

"不觉得，妈妈觉得挺幸福的，每一次'胎动'都让妈妈感动并且难以忘怀。"思雨按住蜻蜓的小手，回过头对蚂蚱说，"嗯，或许就这样吧，可惜我看不到。"

"哎，妈妈，妈妈，那爸爸怎么和我打招呼呢？我可是他的最爱啊！"蚂蚱又翻过身来，趴在思雨的后背上又一次突发奇想。

"爸爸会拍拍妈妈的肚皮说：'宝贝儿，爸爸和你说话呢。'就是现在人们说的'胎教'。"思雨的回答又一次满足了她的好奇心。

"后来呢？"

"后来你就一天天长大了，直到9个月后，妈妈想让你了解外面的世界：蓝天白云、青山绿水、花草树木、风霜雨雪、电闪雷鸣……外面的世界真是太精彩了，妈妈多么想和你一起分享啊！爷爷奶奶、姥姥姥爷、叔叔阿姨，还有许许多多关心我们的人，都在猜测你是男孩还是女孩，长得像爸爸还是像妈妈。在众人的期盼中，在妈妈和你的共同努力下,你终于来到这个充满爱的世界,那是一个非常痛苦而又令人难以忘怀的过程,这个过程叫分娩,只有当过妈妈的人才能体会到。所以每一个新生命的诞生,都是当妈妈的拿生命在赌博,但是,当生命来临的一霎间,所有的痛苦与付出都会烟消云散:我终于升级成为一个妈妈了,值!"

"我能看看吗?我从哪里来的?"蜻蜓紧紧抓住思雨的手,紧张地问道。

蚂蚱也跟着连声叫道:"妈妈,妈妈,在哪儿?我也想看看啊,我是从哪里出来的?胳肢窝吗?"

"噢,你们是通过一个秘密通道来到这个世界上的,那个秘密通道叫'产道',一般情况下,是看不见的,只有当妈妈的一瞬间才能看得见。"思雨一只手轻轻地握住蜻蜓有些潮湿的小手,来缓解她的紧张情绪,另一只手轻轻拍着蚂蚱的后背,希望她能安静点。

"为什么看不到呢?"蚂蚱的不解也是蜻蜓的疑问。

"记得妈妈以前和你们讲过一个故事——《阿里巴巴和四十大盗》。那个放宝藏的神秘山洞,在外人眼里,不过是普普通通的山洞,因为它平时都是关闭的,只有阿里巴巴和强盗放取宝藏的时候才能打开。"

"我们知道这个故事,这和'秘密通道'有什么关系呢?"蜻蜓迷茫地问道。

"这个'秘密通道'也是这个道理,平时都是关闭的,只有当妈妈的人,才有资格有机会打开这个秘密通道。"

蜻蜓恍然大悟,蚂蚱点了点头表示也明白了。接着,她们看到思雨在记事本上又写下了几个字:"4个月、胎动"、"胎教"、"8个月、成型"、"9个半月、分娩"、"秘密通道、产道"、"妈妈",最后的结尾是"这就是一个生命来临的过程"。

　　见思雨要合上本子，蜻蜓提醒道："妈妈，你还没写题目呐。"思雨一愣，随即笑了："你不说，我还差点忘了。"

　　于是，提笔在这页纸的顶端写下本次交流的主题：生命就是这样来临的。

> 信任自己的孩子，不是口头上的鼓励，是真正了解你的孩子，相信他们的能力，该放手的时候就应该放手，这才是一个母亲对孩子的信任。

26. 相信孩子的能力（蜻蜓：五年级）

饭菜好了，姥姥喊道："蜻蜓，吃饭啦。"

"知道啦，姥姥，这就来。"蜻蜓依依不舍地离开电脑，来到饭桌前。

"看什么好东西这么入迷，连吃饭的心思都没了。"

接过思雨递过来的筷子，蜻蜓忍不住一声赞叹："哎呀，老妈，你不知道啊，刚才看同学拍的照片，那才叫美啊。"

看了一眼蜻蜓，思雨没搭理。姥姥好奇地问道："在哪里拍的照片？有多美？"

"姥姥啊，那是蓬莱的海底世界，在亚洲排行第一，要多美有多美啊，要是能亲眼去看看，该有多好啊。"

没成想，姥姥听了后，居然"扑哧"一声笑了："想去就去吧，这不也放假了，我当多大个事啊。"

听了姥姥的话，蜻蜓眼睛一亮："对啊，妈妈，我真的想去蓬莱看看八仙过海和海底世界。你抽个时间，我们一起去，好吗？"

思雨一边收拾碗筷，一边说："这个月我没时间，不能去，下个月，你就开学了。现在想去的话，我可以给你钱，自己去。"

蜻蜓嘴一撇，有些失望地说："你就不怕我被骗了，或者走丢了？"

思雨抬头看了一眼蜻蜓，很镇静、很肯定地说："骗你？你都12岁了，丢不了。"

蜻蜓很是不服气地问："为什么你那么肯定我丢不了？"

思雨想也不想就回答："理由很简单。第一，你12岁了，对骗子来说年纪太大了，头脑清楚，口齿伶俐，养不住了；第二，要说拿你去卖给人家做媳妇，你又太小了，还得养很多年很多年才能卖钱，太亏了。所以，你现在是根本没人要，是最安全的年纪，过马路注意安全就可以。"

听了思雨的这两个如此荒唐的理由，姥姥则是哭笑不得。

看着无语的蜻蜓，思雨接着说："你有电话，出租车很多，到车站都能买上票，威海到蓬莱有直达车，无须中途转车。"

知道妈妈真的打算要她自己去，蜻蜓问道："我没去过，也不知道准备什么啊。"

思雨微微一笑："这点小事还能难住你啊。可以把必要的东西列个单子，蓬莱那边的景点以及线路图上网搜搜，也可以问问你去过的同学，都胸有成竹了，你怕什么？"

听了思雨的话，蜻蜓的脸色慢慢地"多云转晴"了。

知道蜻蜓真的要自己去，姥姥心里一动："要不，你带着我去吧？我这么大岁数了，还没去过蓬莱阁，也没去过海底世界。"思雨何尝不明白，那是姥姥不放心才会要求跟着去的。

经过两天时间，蜻蜓已经完全准备好了。临去前，姥姥还是不放心地反复问蜻蜓："蓬莱阁怎么走？八仙过海在什么位置？海底世界坐哪一路车？怎么吃饭？什么时间回来……"

蜻蜓回答了几遍后，有些烦了："姥姥，你可不可以不这么烦啊，再这样的话，我可不带你去了！"

姥姥可真的怕蜻蜓发起脾气来，不带她去，那可就不好收拾了，只好貌似很委屈地说："好吧，好吧，我到了蓬莱一定只跟着你，什么也不说，也不问，行吧？"

临近黄昏的时候，思雨接到蜻蜓的电话："老妈，我们现在到了车站了，你有时间来接我们吗？"

听到蜻蜓兴奋的笑声，思雨悬了一天的心终于落地了："哎呀，我这还有两个病人没处理完，怎么办？"

听到妈妈无奈的抱怨，蜻蜓连忙安慰道："不要紧，妈妈，你忙吧，我和姥姥坐公交车回去。"

回到家以后，姥姥乐得眉开眼笑，怎么也忍不住，吃饭的时候一改常态，很兴奋地告诉思雨："上午不到10点就到了蓬莱，蜻蜓先带着我去吃饭，走进去看别人都是大人照顾孩子，只有我是坐着等的，全部由她负责把饭菜送到我手里。然后，她带着我游览亚洲最大的海洋世界，她边看边告诉我，'姥姥，你喜欢在哪个地方拍照，直接告诉我好了，我帮你拍下来。'这一天，都是她买的来回车票，她根据原来的计划自己查看路线图、挑景点，在景点里还帮我买矿泉水，我真的只是跟在她后面什么也不用管。原来还担心孩子这么小怕出什么意外，看来是我多想了……"

可能这一天真是玩累了，吃完饭蜻蜓和姥姥早早就上床睡了。思雨忙完了日常家务来到蜻蜓的房间，看着酣睡的孩子，感觉宛然一个大人的样子。看来只有充分信任自己的孩子，给她一个自由的空间，才能充分展示出孩子自立的本性。

信任自己的孩子，不是口头上的鼓励，是真正了解你的孩子，相信他们的能力，该放手的时候就应该放手，这才是一个母亲对孩子的信任。

> 孩子在学习的时候，必须要有一个良好的学习环境。大多数的孩子都学不会自制，这时候，作为孩子的家长就要为孩子立下规矩，要让孩子在规矩下养成良好的学习习惯。

27. 作业拖拉（菲儿：五年级）

思雨的侄女菲儿是个聪慧俊俏的小女孩，由于身体的因素加上一些其他原因，9岁之前没上过幼儿园，9岁之后才上一年级，还是断断续续地读完的，二年级时和其他孩子一样正常上课了。

五年级的暑假期间，思雨无意中看到了菲儿的作业，作业本上的字，思雨几乎是一个也不认识，那些字是密密麻麻地排列着，并且还不在一条横线上。思雨问她："这样的作业老师看得懂吗？"菲儿无所谓地说："老师从来不看我的作业，我写与不写，老师从来不管。"这还不算，菲儿的年纪本应该上初二的，现在居然连小学四年级的题都做不上来，这样下去哪儿行啊，思雨就和弟妹商量，把孩子接到她家去上学。

刚来威海的时候，弟妹还没找到合适的房子，再加上学校离思雨家很近，于是就暂时住在思雨家，菲儿和蚂蚱一起上学，一起回家。

　　上学没几天，思雨发现，菲儿每晚的作业都要写到 10 点多。思雨以为，可能是她按照自己的要求认真书写，速度就慢了，或者是这里的教学方式和老家的有些出入，她需要适应一段时间，就没放在心上。过了一个多月，弟妹经常在思雨面前报怨学校里的作业太多了，菲儿有时都写到 11 点多。思雨这才留心起来，心里嘀咕一句：不应该呀，小学五年级，老师不可能布置那么多的作业。

　　事情也凑巧，一个病人带着孩子来思雨的诊所看病，思雨认识那个孩子，知道他和菲儿是同学，跟他交流后发现，同样的作业他 7 点前就完成了，那为什么菲儿每天作业都做到那么晚？

　　当天晚上，思雨一改常态，不再待书房里写东西，而是坐在大厅里留心观察菲儿。她发现菲儿并没有专心地写作业，而是一边玩一边写，比如，一会儿出来喝水，一会儿出来看两眼电视，要不然就待在卧室里折叠小东西。思雨把这些情况如实地告诉了弟妹，要她约束一下孩子的行为。

　　再后来的那段时间，弟妹就天天看着菲儿写作业。又过了一个星期，还是没有任何好转的迹象，弟妹的耐心已经到了极限，实在是再无计可施，只得求助思雨。

　　晚饭后，思雨喊住了菲儿，很认真、很严肃地对她说："我知道你们的作业量，从今天起每天作业最晚做到 8 点，8 点以后必须上床睡觉，要是再敢写作业，我就把作业本扔到楼下去。"

　　菲儿笑了笑，满不在乎地说："那我就告诉老师，是您把我的作业本扔了，我才交不出作业的。"

　　思雨看了看颇似自己当年的小侄女，也笑了："那你就去跟老师说好了，反正你的老师都认识我，再说了交不出作业的人是你又不是我，到时候谁没完成作业，老师就批评谁，你的名字就写到身后的小黑板上，你觉得好看就行。"

菲儿半信半疑地看着思雨的脸，不是很相信她话。

思雨很肯定地对着菲儿点了点头，收起了笑容，说："你别怀疑我说的话，姑妈一直是言出必行，不相信的话，你可以去问问蚂蚱，她是领教过的！"

带着满腹的疑问，菲儿来到蚂蚱的卧室，说明了来意。

"哦……你惨了。"蚂蚱仰天长叹。看到菲儿一副不解的样子，蚂蚱接着解释道，"你知道我为什么没有手机吗？"

没想到蚂蚱提出这么一个不搭边的问题。菲儿摇了摇头。蚂蚱自己回答道："其实以前我也有一部手机的，还是三星的呢，可好了。"

"那你的手机呢？"菲儿疑惑不解地左右看了看。

"哎……刚买手机的时候，我非常喜欢听歌，还喜欢玩手机上的游戏，结果作业写得很潦草。妈妈见我写作业要拖到 10 点多，而且有的时候还写不完，第二天早上起来就偷偷写，白天上课的时候都困死了，妈妈提醒过两次，我也没当回事。"说到这里，蚂蚱不再言语。

"后来呢？后来怎么办的？"见蚂蚱突然不说了，菲儿脑海里冒出了思雨刚才说的话，还有其郑重其事的表情，马上感觉后背凉飕飕的。

"后来呀，妈妈见我还是继续玩手机，最后警告我，说再继续玩手机的话，就把手机扔到楼下去，还说，不到大学不给我买手机。"蚂蚱的话让菲儿有了一种不祥的预感。

"你别告诉我，姑妈真的把手机给扔到楼下了吧？"菲儿看着蚂蚱可怜地点了点头后，嘴巴不由自主地张大了，满眼的不可置信。

"那可是手机啊，很贵吧。"菲儿喃喃自语地嘀咕着。

"那是，当时是最流行的，我可是费尽心机，起早贪黑，给妈妈打工，收拾废品，省吃零食，攒了好久好久的钱才买来的。"说到买手机的过程，蚂蚱还是很自豪的。

"姑妈可真舍得扔呀！"菲儿同样可惜地说。

"你是不了解我妈呀，她是言出必行，她说什么你最后都要听她的，除非你有理可讲。"蚂蚱不无同情地提醒着她。

"那也不能不讲理，把手机扔掉啊，那花很多钱的！"菲儿还是不能理解思雨的举动，小声嘀咕着。

"妈妈说了，良好的学习习惯和言出必行的性格是做人的基本原则，再说了手机没了可以再买到，一旦坏习惯形成就很难改变，那会害了我们的一生。"小蚂蚱不再嬉皮笑脸，而是摆出一副郑重其事的样子。

有了小蚂蚱的提醒，菲儿开始一心一意地写自己的作业。自此，整整一个月，思雨偶尔抽查菲儿的作业，她的作业都是在8点前完成的，最后，她养成了良好的学习习惯，不再需要人督促了。

3个月后，弟妹找到了合适的房子，菲儿也跟着搬到了自己的新家。后来听弟妹讲，她再也没犯这样的毛病。

菲儿从蚂蚱那里了解到思雨是个言出必行的人，交不出作业她得自己承担后果，没有"或许、也许、下次"之类，所以思雨说8点后还再做就扔了她的本子，虽然没有真的执行，但她已经明白，只要她胆敢违反，思雨就一定会执行。

> 孩子原本不需要为学习而烦恼，凡是因为学习感到痛苦的孩子，都因为他受到了不正确的引导方式。只要观念改一改，孩子学习就可以变得轻松愉快。

28. 皮皮的改变（皮皮：初一）

还是因为作业的问题，皮皮又挨打了！这天，思雨刚进天宇家的门，就听到了天宇的怒吼声："你这个不成材的混蛋，你看看，你这都写的什么乱七八糟的，这也叫作业？看老子今天如何教训你！"接着就是一记清脆的耳光。

思雨看得是心惊胆寒，连忙上前喊道："天宇，你不要这样，皮皮只是个孩子！"

天宇停住了手。皮皮尖声地嚎叫着："你打死我好了，我本来就是个混蛋，你打呀，你打呀，你说的没错，我就是个不成材的混蛋，没人喜欢的混蛋，我恨你们……"

思雨是越听越害怕，奔到了皮皮身边。皮皮倒在地毯上，满脸是泪，但依然能清晰地看见有几道红红的手指印。思雨回头望着天宇，怒气冲冲地说："你是不是疯了，他可是你的儿子，你怎么下得了手？"

此时，天宇一脸的无奈，低声对思雨说："养子不教父之过。姐姐，这话可是你说的。"说完，他叹了口气，颓然地转开了头，神情黯淡地坐在了沙发上。

思雨心中一紧，竟不忍再去责备天宇，而是转过头，面向皮皮。皮皮不哭也不闹，他这种惊惧的神态比他身体上的创伤更让思雨担心，她低喊了一声："皮皮！"

那孩子怔怔地望着她，眼睛里满是恐惧。

思雨想站起身来，谁知，她的身子才一动，皮皮忽然伸出手，牢牢地扯住了她的衣服啜泣着叫："姑妈，不要走！我怕！"

"哦！"还能说话，证明没被吓傻，思雨吐出一口气来，慌忙把他从地上拉了起来，扶着他走进他的卧室，安慰道："放心，姑妈不走！姑妈陪你！"见皮皮的情绪不再那么激动，思雨接着问道，"皮皮，爸爸为什么打你？"

"我没写作业，老师肯定告我的状了。"

"那你为什么不写？什么原因？"

"姑妈，我以前写作业，可是错得太多，老师又向爸爸告状说我丢三落四，爸爸听了生气呗……"就这样，思雨和皮皮聊了很长时间，最后，思雨轻柔地对皮皮说："爸爸这样做都是为你好，是恨铁不成钢！不可以恨你爸爸，他打你，比打他自己还疼。将来……你长大了，你就会懂！"皮皮嘟着嘴，不再言语。

皮皮慢慢地睡着了，思雨起身来到大厅，天宇顺手递给她一杯水。思雨接过水杯，喝了一口说："往后不要再打孩子了，对待他的学习应以多观察、多鼓励、多引导为原则，你这样做只能适得其反！"

天宇满脸沮丧地说："这孩子的作业不是丢三落四，就是磨磨蹭蹭，这次大考他居然考了个倒数第 10 名！"

天宇满肚子怨气地对思雨发着牢骚："姐姐，你说，这样的成绩我怎么能接受？今天，我不过教训了他几句，这小子居然还反驳！我实在是忍无可忍才揍他的！"

看了怒气冲天的天宇一眼，思雨轻轻摇了摇头："天宇，皮皮只不过是个孩子，仅仅因为作业的问题，你又是打又是骂的，对他，这是心理和肉体的双重摧残，况且，这样下去，也解决不了问题吧？"

天宇叹了口气，无奈地说："姐姐，我又何尝不明白这个道理，关于他的作业的问题，老师嘴皮子都磨破了，我也打了他好几次，他就是记不住，这孩子怎么就是屡教不改呢？"

思雨说："你这种打骂可能让孩子变得顺从，但不会让孩子变得聪明和懂事；能让孩子变得听话，但不会让孩子变得自觉和上进——暴力教育能得到一些暂时的、表面的效果，但它是以孩子的整体堕落和消沉为代价的。"

这语重心长的一席话，让天宇沉默了，过了一会儿，天宇说："姐，我明天就出差了，皮皮暂时住在你家，等我回来，你再帮我想想办法。"

就这样，皮皮住在了思雨家。晚上，蚂蚱和蜻蜓在各自的卧室里写作业，思雨则陪着皮皮在书房里写作业。

"从现在开始，我每天陪着你一起写作业，你写，我也写，你写多少，我就写多少，你写完了以后，我要仔细检查，你说行吗？"

看到一脸认真的姑妈，皮皮不可置信地睁大了眼睛："姑妈，你是说，你也写我的作业？"

看到思雨点了点头，皮皮开心地笑了，顺手从书包里掏出课本和作业本。看到思雨认真地在本子上写着自己的作业题，皮皮觉得新奇又好玩，不时地伸过头看看："姑妈，都过去那么多年了，你还会做吗？"

思雨抬头看看皮皮，笑了："现在是写作业的时间，写完作业，再交流这个问题，行吗？"

皮皮吐了吐舌头，不再说话。

数学作业写完了，思雨接过来认真查看，有问题的部分，都用铅笔做上记号。"皮皮，这道题我的做法和你不一样，你用你的方法再做一遍，给姑妈看看……"

检查完毕后，思雨再让皮皮把有问题的部分看一遍，懂了的，让他把正确的答案写上，确实不会的，才给他讲解。

"你看，这个地方你理解错了题意，要仔细阅读……"

"你看，这道题是两问，一问：是相等还是不相等？二问：为什么？说出你的理由。你只写了理由，没回答第一个问题……"

就这样，思雨一直陪着皮皮写作业，直到天宇出差回来的晚上，皮皮早早地写完了作业，乐呵呵地跑过来对思雨说："姑妈，你的这个方法真好！"

思雨抬起头来，扬起眉毛，问道："那你说说，好在什么地方？"

皮皮想了想，说："今天课堂讲评，我反应比其他同学快得多，老师就让我起来回答问题，我都答对了，老师不但让我给同学们讲解，而且还表扬我了，真过瘾！"

"太好了！那我们要继续努力噢。"看到眉开眼笑、乐得合不拢嘴的皮皮，思雨拉过他的手，语重心长地说，"对了，跟着爸爸回家以后，暂时还用这种方法写作业，不过，往后就有爸爸陪你写了。再过段时间后，要习惯在没人陪的情况下，自己写作业，好吗？"

"好的，姑妈，我记住了。"皮皮转过头来，对着天宇疑惑地问道，

"爸爸，你会和姑妈一样陪我写作业吗？"

"我会的，儿子！"看到前后变化如此之大的皮皮，天宇激动地连忙承诺。

两个月以后，皮皮再次来到思雨家找妈妈下象棋。

"对了，皮皮，下周是不是期末考试啊？"看着满脸喜悦、正在落子的皮皮，思雨忽然想起了什么似的问道。

"是啊，怎么啦，姑妈？"皮皮抬起头，不解地反问道。

思雨大致衡量了一下皮皮对于"史地生"这三科所掌握的程度，说道：

"皮皮啊，你是不是历史、地理、生物这三科只要考个 B，就可以进班级前 10 名了？"

皮皮想了一会儿说："是啊，姑妈。但我不能把目标定为 B，那样有考到 C 的危险，我只有把目标定为 A，努努力，最坏也是个 B。"

听了这样的回答，思雨不得不重新打量皮皮。经过了一年多的努力，还有比听到这样的回答更让人高兴的事吗？私下里，思雨把这话原原本本地告诉了天宇，天宇很欣慰，他说："我在意的不是名次的变化，而是他改掉了自由散漫、丢三落四的坏毛病，逐渐养成了良好的、紧凑的学习习惯。"

"对啊，你想没想到这样一个问题：孩子原本不需要为学习而烦恼，凡是因为学习感到痛苦的孩子，大都因为他遇到了不正确的引导。只要观念改一改，孩子的学习就可以变得轻松愉快。"

看着恬静的思雨，天宇由衷地点了点头："我服了，姐姐！你的教子有方果真是名不虚传的！"

> 选择书要以孩子的兴趣为核心要素，不以"有用"、"没用"作为选择标准。

29. 阅读需要兴趣相伴（龙龙：五年级到初二）

龙龙不会写作文，嫂子很发愁，问思雨怎么能让他尽快学会写作文。

思雨知道龙龙很少读课外书，就建议嫂子在这方面多引导，并给她推荐了两本适合孩子读的书——《吹牛大王历险记》和《皮皮鲁传》。嫂子当天就买来了，龙龙读得是眉开眼笑，满心欢喜，不到3天，就读完了《吹牛大王历险记》。当《皮皮鲁传》读到一半的时候，龙龙美滋滋地告诉嫂子："妈妈，真没想到，读小说这么过瘾，怪不得蜻蜓姐姐和蚂蚱妹妹都那么喜欢看书，等我看完了这本《皮皮鲁传》，我们再去买《鲁西西传》，好不好？"

嫂子听了非常高兴，连连点头。

过了一段时间，却没有了下文，思雨有种不好的预感，就打电话问起龙龙阅读的事，果然不出所料，嫂子又是满腹牢骚。之后她告诉思雨：龙龙现在又不喜欢阅读课外书了，她正发愁不知如何是好。

原来嫂子在龙龙读完这两本书后，就迫不及待地给龙龙买了一本《中小学生优秀作文选》。嫂子的理解和大多数家长是一样的：读课外书是为了提高孩子的作文水平，光读这些"闲书"有什么用？有这些闲工夫，还不如看看《作文选》，学学人家怎么写的，才能学会写作文。

可是，龙龙不愿意读作文选。自以为是的嫂子居然和他提条件：你读完《作文选》才可以再买其他的书！龙龙当时答应了，但是看了一篇之后，感觉索然无味，再也看不下去了，结果《作文选》一直在书架上放着。之后，龙龙不再提买课外书的事，业余时间全部用在电脑、电视和手机上，刚刚起步的阅读就这样又一次搁浅了！

得知嫂子的做法，思雨真的很无语，嫂子不理解"闲书"的营养价值，也没意识到阅读需要兴趣相伴。她认为读"闲书"不如读《作文选》"有用"，有这种想法的不止她一个人。思雨觉得，这好比是想给孩子补钙，却拿一盒葡萄糖酸钙口服液取代正常饮食一样，是大错特错。

思雨一直不赞成学生读《作文选》，所以也从不让蜻蜓、蚂蚱读，她们的课外阅读书籍大部分是小说，此外有传记、历史、随笔等。只是在初四、高三时期，为了把握中考、高考作文写作要点，才读了《中考满分作文选》、《高考满分作文选》等书。后来，蜻蜓中考、高考作文都取得了很好的成绩，也许与她研究过那些满分作文有一定的关系。但是，思雨私下以为，如果没有她们十几年来持续不断地阅读，和已有的良好文笔，中、高考前读多少本《满分作文选》也是没用。

那两本《满分作文选》思雨看过，对于现场考生来说，在规定的时间内，能写出那样的作文已相当不容易。但他们写得再好，也不过是些学生的习作，无论从语言、思想还是可读性上，都非常稚气，这些东西只是习作，不是创作，除了老师和编辑，谁愿意看这些东西呢？况且很多作文大人指导的痕迹太重，说些不好听的话，甚至有的还是机械模仿、生搬硬套，没有创新精神；有的追求"文气"，故作文雅，有哗众取宠之嫌；还有的浅吟低唱、孤芳自赏，缺乏朝气与豪放……所以，思雨对嫂子说，读这样的作文，既不能在语言词汇上丰富龙龙的见识，也不能在思想上引导龙龙进步，反而教会他在写作中说虚情假意的话。你买这些东西给他读，又有什么价值呢？

听了思雨的话，嫂子叹了一口气，说："龙龙五年级快毕业了，功课紧，那就买些篇幅较短的散文精选、短篇小说集吧？对了，我看书店里有诺贝尔文学获奖作者散文精选集，我去买本给龙龙，你看怎么样？"

思雨听了，摇了摇头："你觉得龙龙会看吗？你可别忘了，他只是个五年级的学生！"思雨考虑到龙龙阅读的延续性和量的积淀，认为还是应该重点读些长篇读物，她对嫂子说出了自己的理由：首先，长篇故事比较吸引人，能让龙龙读进去；其次，一本书讲一个大故事，能吸引龙龙，可以使他一口气读下十余万字。这个年龄段的孩子对散文，尤其是翻译散文大多不感兴趣。而短篇小说讲得再精彩，读完了也最多只有一万字。龙龙可以一鼓作气地读完一个大故事，但他不可能一篇接一篇地连续读20个小故事。

嫂子又问："那语文教学大纲规定中学生必读的30部名著，据说都是经典之作，老师推荐的，总不能不买吧？"

思雨说："我个人认为可以作为选择参考，但是否适合全部推荐给中学生，恐怕还需要斟酌。"

"例如？"

"例如《童年》、《我的大学》、《在人间》、《钢铁是怎样炼成的》，这些作品离当下孩子们的生活太远，而可读性又不是很强，也许它只是适合孩子们长大了再读，还有《鲁滨逊漂流记》里摘录《圣经》里的东西太多，孩子们目前不可能理解那么多……"思雨顺便告诉她，曾经有一个同事去书店买书，考虑到孩子需要读些书，就直接买来《安娜卡列尼娜》和《钢铁是怎样炼成的》等，孩子接过来后，直接吓住了，其结果也就可想而知了。

"那你觉得，我给龙龙买些什么样的书合适呢？"

"至于买些什么样的书，你要尊重龙龙的意愿，一个中心目的就是尽量调动他的阅读兴趣，先考虑有趣，再考虑有用，我个人认为，金庸的书挺不错的。"

"金庸的？为什么？"嫂子惊讶地张大了嘴巴，不可思议地问道。

"蜻蜓最早读的长篇是金庸的武侠小说。我之所以建议她读金庸的书，因为金庸的小说悬念重重，情节有趣，能吸引人读下去；而且他的文字非常规范，笔法老练，读来感觉通俗流畅，里面充满爱恨分明的情感，符合少儿的审美心理；即使有一些爱情描写，但都有着不食人间烟火的纯洁和干净。"

接着，思雨告诉嫂子，蜻蜓一接触这些书，很快就被迷住了，不到半年的时间把金庸14部武侠小说全部读完。思雨本来以为她读完这些书后会选择别人的，就给她推荐几本名著，但发现她兴趣不大。

后来她又迷上了琼瑶的《还珠格格》，记得当时这个电视剧正在热播，在书店里看到这套书时，就忍不住翻起来，发现里面的情节和电视剧基本一样，就毫不犹豫地买了一套，这样她就可以在电视剧播出之前了解到故事情节。思雨记得那书一套有很多本，她很快就看完了，因为她对这个故事太感兴趣了。到了她生日的时候，思雨又买了《还珠格格二》作为礼物送给她，蜻蜓喜欢极了，看完之后，又去买来几本琼瑶的其他作品，一个暑假就看完了，而且还不止看了一次，她经常会随手翻开一本，饶有兴味地读上一会儿。

听到这里，嫂子忍不住说道："思雨，你知道吗？好多人都说琼瑶的小说浅薄，没有品位，你让蜻蜓读这样的书就不怕她走歪道？"

思雨笑了："嫂子，有没有品味要看针对谁来说。琼瑶的作品确实不是什么惊世之作，但她的文字也非常规范、老到、干净呀，对于一个10岁的小女孩来说，她喜欢可爱的小燕子，喜欢里面起伏有致的情节，这个书就是适合她的。至于'惊世之作'，我相信只要她有足够的阅读基础，终有一天会对一些经典作品感兴趣的。"

又过了一段时间，龙龙上初一了，嫂子无意中发现他爱读韩寒、郭敬明的作品，大惊失色。其实她自己从没读过这些人的作品，不知为什么，就主观地认定这些作品不健康、没意思，总是阻拦龙龙去读。结果母子俩常常发生冲突，凡她推荐的书，龙龙一概拒绝；凡她不让看的，龙龙偏要偷着看。

思雨提醒她：如果你自己经常读书，心里十分清楚哪本书好，可以推荐给龙龙；如果你能给他推荐一些让他也感到有兴趣的书，他说不定很愿意听取你的指点。但是你自己很少读书，就不要随便对龙龙的阅读指手划脚，选择的主动权就交给龙龙自己吧！

选择书要以孩子的兴趣为核心，不能以"有用"、"没用"作为选择标准。事实上"有趣"与"有用"并不对立，有趣的书往往也是有用的，一本好小说对孩子写作的影响绝不亚于一本作文选，甚至还要超过作文对孩子的影响。

> 灰姑娘虽然没有亲妈爱她，也没有后妈爱她，但是这也不能够阻止她爱自己。正是因为她爱自己，她才义无反顾地去寻找自己希望得到的东西。

30. 《灰姑娘》带给孩子们的启示
（蜻蜓：五年级 蚂蚱：一年级）

"什么书呀，讨论得这么热闹！"书房的门开了，思雨走进来，打断了蜻蜓和蚂蚱的争辩。

"妈妈，我和妹妹在看《格林童话》。"蜻蜓翻开封面，让思雨看。

"妈妈，真好看，我和姐姐都看了好几遍了。"蚂蚱站起来，把凳子让给了思雨。

"那当然了，那是格林兄弟写的，他们是德国人，很多人都喜欢看，你们喜欢故事里面的哪一个？不喜欢哪一个？"思雨坐下，顺手拉过蚂蚱，让她坐在自己的腿上。

"我喜欢灰姑娘，还有王子，不喜欢她的后妈和那两个姐姐。"蚂蚱抢先回答。

"为什么？说说你的理由吧。"思雨像往常一样问道。

"灰姑娘善良、可爱、漂亮啊！她的后妈和姐姐太坏了，她们不让灰姑娘参加王子的宴会。"蚂蚱略一思索，率先说出了自己的看法。

"换个角度想一想，假如我是那个后妈，你们是那两个姐姐的话，我会不会阻止灰姑娘参加王子的宴会呢？"思雨看着蚂蚱的脸认真地问道。

蚂蚱看着妈妈，想了想，摇了摇头。

"我想，如果您是灰姑娘的后妈，您也会阻止她去参加王子的舞会。"一直没出声的蜻蜓，轻轻地说出了自己的想法。因为每次看完书，妈妈都会和她们谈论自己的想法，她们都会畅所欲言，这次自然也不例外。

"为什么你会这么想？"思雨饶有兴趣地转过身来，面对蜻蜓。

"因为我和妹妹是您亲生的，而灰姑娘不是，您爱我们肯定胜过灰姑娘，您当然希望自己的女儿能当上王后啊！"

听到蜻蜓的回答，思雨眼睛一亮，忍不住赞叹道："你说得太对了，小小年纪就如此有主见，不简单啊！"

"原来是这样啊，妈妈，看来后妈也不都是坏人啊！"蚂蚱不由自主地感叹道。

"人们常说后妈都是不好的人，其实她们只是对别人的孩子不够好，对自己的孩子却很好，你们明白吗？最起码从母爱这方面来讲，她们不是坏人，只是她们有些自私，还不能够像爱自己的孩子一样去爱别人的孩子。"思雨活动了一下发麻的腿，接着问道，"你们想没想过这样一个问题，灰姑娘的后妈不让她去参加王子的舞会，甚至还把门锁起来，但是她为什么能够去，而且成为舞会上最美丽的姑娘呢？"

蚂蚱跳下地，转过身来，面对思雨说："我知道啊，妈妈，因为有好心的仙女帮她，给她漂亮的衣服，还把南瓜变成马车，把狗和老鼠变成仆人，这样一来，灰姑娘就可以参加舞会了。妈妈，我说得对不对？"

看着洋洋得意的蚂蚱，思雨笑了："对啊，小宝贝，你说得很好！再往深处想一想，如果灰姑娘没有得到仙女的帮助，她是不可能去参加舞会的，是不是？"

"是的！"蚂蚱点点头，表示同意，蜻蜓则是一声不吭，静静地倾听妈妈的启发和延伸。

"顺着这个思路再想想，如果狗、老鼠都不愿意帮助她，她能在最后的时刻成功跑回家吗？"思雨接着问道。

"肯定不会的，不过要真是那样的话，后果就不堪设想了，王子看灰姑娘的表情，会是什么样子呢？一定挺好玩的吧？"蚂蚱歪着头，拼命地想象王子的表情，"会是这样，还是这样？"

望着一会儿"惊讶"、一会儿"目瞪口呆"的"王子"，蜻蜓捂着嘴笑了，思雨一把抱着淘气的蚂蚱，接着说："我的宝贝啊，不管你怎样想、怎样猜，最终朋友还是帮了她。由此看来，朋友真的很重要。所以，无论走到哪里，我们都需要朋友啊。妈妈希望你们有很多很多的朋友。"

望着乐成一团的妈妈和妹妹，蜻蜓若有所思地说："虽然灰姑娘有仙女的帮助，但是，只有仙女的帮助还不够。如果灰姑娘因为后妈不愿意她参加舞会就放弃了机会，她还会成为王子的新娘吗？"

"当然不会了！如果她放弃了这次机会，她就不会在舞会上遇到王子，王子也就不会认识她，更谈不上爱上她了。"蚂蚱快言快语地发表了自己的见解。

"对极了！如果灰姑娘不想参加舞会，即便她的后妈没有阻止，甚至支持她去，也是没用的。是谁决定她要去参加王子的舞会？"思雨肯定了两个孩子的假设，再次问道。

"当然是她自己啊！"两个孩子异口同声地回答。

"所以说，灰姑娘虽然没有亲妈爱她，也没有后妈爱她，但是这也不能阻止她爱自己。正是因为她爱自己，她才义无反顾地去寻找自己希望得到的东西。如果你们的同学、朋友中有人觉得自己没有人爱，或者像灰姑娘一样有一个不爱她的后妈，你们觉得他怎么做才合适？"思雨很认真地问着蜻蜓和蚂蚱。

"我要告诉他像灰姑娘一样要爱自己！"两个孩子郑重其事地回答。

"对，告诉他：没有一个人可以阻止你爱自己，如果你觉得别人不够爱你，你要加倍地爱自己；如果别人没有给你机会，你应该加倍地给自己创造机会；如果你们真的爱自己，就会为自己找到自己需要的东西。没有人可以阻止灰姑娘参加王子的舞会，没有人可以阻止灰姑娘当上王后，除了她自己。对不对？"

"是的！"

知道孩子们明白了自己的意思，思雨很欣慰。

"这个故事还告诉我们一个道理，那就是守时的问题，你们想一想，在故事的哪个地方？"思雨又问道。

蚂蚱拿来书，蜻蜓和她一起翻看着，不一会儿，她们找到了："妈妈，在这里，在午夜12点的时候，灰姑娘必须及时跳上她的南瓜马车……"

"对啊，你们想一想，如果灰姑娘不守时的话，可能会出现什么情况？"

"灰姑娘会变成原来脏脏的样子，穿着破旧的衣服。哎呀，那就惨啦。"蜻蜓想了一想，惊叫起来。

"所以，我们一定要做一个守时的人，不然就可能给自己带来麻烦。"

"看来王子还是喜欢漂亮、干净的女孩子，不喜欢邋里邋遢的女孩子！"蚂蚱一边看着书，一边取笑着。

"这是人之常情啊，和我们周围认识的那些人一样，每个人都打扮得漂漂亮亮，干干净净的。如果有个人突然邋里邋遢地出现在朋友面前，肯定会把朋友吓着了。特别是你们女孩子，更要注意，将来你们长大了和男孩子约会，要是不注意，被你的男朋友看到你很难看的样子，他们可能就会感到意外，肯定会离你而去！"

听了思雨的这番话，两个孩子相视而笑："知道啦，老妈！"

> 他们一旦对图像产生了兴趣，图像就扼住了他们的输入渠道，培养阅读兴趣的最好时光也就错过了，以后就很难对阅读产生兴趣了。

31. 让阅读变成一种"诱惑"

（蚂蚱：初二 皮皮：五年级）

今天是姥姥的生日，蚂蚱早早起床，穿戴整齐，见妈妈要锁门，她又冲进书房，拿起昨晚没看完的书放在背包里。

到了姥姥家，爸爸、妈妈去厨房给舅舅、舅妈帮忙，蚂蚱和长辈们打过招呼，就去大厅里找自己的兄弟姐妹玩。

皮皮坐在电脑前，游戏打得是热火朝天；欢儿坐在炕上，看电视里播放的动画片；菲儿不知道拿着谁的手机，低着头，眉开眼笑地玩着；冰儿和蜻蜓在洗碗筷和杯子；清儿陪着姥爷、姥姥说话……

蚂蚱觉得有些无聊，就拿起书坐在姥姥、姥爷一边看起来，不大一会儿，就进入了浑然忘我的状态。

"姐，你是怎么让蚂蚱爱上读书的？"天宇指着大厅里的几个孩子，对思雨摇了摇头说,"你看看现在的这些孩子,除了电脑,就是电视、手机,像蚂蚱这样喜欢读书的没几个,也不知道是怎么回事!"

"这并不奇怪,我是60年代出生的人,从小生活在信息匮乏的时代,到了小学三年级,才偶尔看到一本残缺不全的《战地红缨》,我如获至宝地阅读。那正是文艺复兴的年代,好作品层出不穷,一批在"文革"中被批倒批臭的名作重新面世,像《苦菜花》、《大刀记》、《这里的黎明静悄悄》、《野火春风斗古城》、《女游击队长》等等,我的阅读兴趣可能是那个时间建立的。至于这些90年代后期出生的孩子,从出生开始就被各种信息刺激着、包围着,他们的童年大部分时间在电视前度过,稍微大一些,就开始玩手机、电脑,还有打游戏,这些都是以图像为主,所以他们一旦对图像产生了兴趣,图像就扼住了他们的输入渠道,培养阅读兴趣的最好时光也就错过了,以后就很难对阅读产生兴趣了!"

"可是,蚂蚱既喜欢看电视、玩电脑,又喜欢读书,这是怎么做到的?"天宇迷惑不解地问道。

"这并不奇怪呀,这两种阅读完全可以在孩子的生活中并存。蚂蚱是喜欢看动漫、看电视,偶尔也玩手机,但这些并不影响她喜欢的看书、'读字'活动,因为,她对读书的兴趣早已形成,她知道什么时候可以'读图',什么时候可以'读字',按自己的需求分配阅读时间和阅读内容。"

"那你说我家皮皮为什么只喜欢看电视、玩手机、打游戏,而唯独不喜欢读书?"

"对电视痴迷的孩子,不只皮皮一个,这和家长的观念有关系。很多家长都希望孩子长大了是个爱读书的人,但是,他们并不在意孩子的早期阅读,把孩子的早期阅读看得可有可无。因为电视里的知识也不少,他们觉得看电视也可以学到不少东西;也有人认为孩子没识多少字之前,先看电视,等识字多了再读书;还有的家长认为孩子就应该活得自由自在，只要写完了作业，他想干什么就干什么。他们不知道这是在错失良机，这种想法和做法让一个孩子与好习惯的养成失之交臂，而这种损失多半会影响孩子的一生。"

接着，思雨告诉天宇，自己是如何引导蚂蚱爱上了读书的：

"蚂蚱刚上小学二年级时，她的识字量及阅读水平已具备再上一个台阶的可能，我就建议她读长篇读物。她听到这个建议的第一反应是不可思议。蚂蚱经常看到我读长篇，那么厚的一本，那么多字，她本能地觉得长篇只能是大人读的，肯定很难读，又没有插图，肯定没什么意思，而在这之前，她读的书都是以图为主的儿童读物。

"我理解她的想法，就没再说什么。考虑到当时我书架上的那些书没有太适合她的，我去买了郑渊洁的《皮皮鲁传》，年少的时候我看过他的几本《童话大王》月刊，从中猜测他的作品也应该颇有魅力，能被儿童所喜爱。我没对蚂蚱说这是为了让她读才买的，而是像平时拿回任何一本给我自己看的书一样，干完活就自己读。那本书确实好看，想象力丰富，妙趣横生，我每天读完了随口赞叹一句说这本书很好看啊，然后有意无意地把一些情节讲给蚂蚱听，讲到引人入胜时就说我刚读到这里，后面还不知道呢，等读完了再给她讲。

"这样几次下来，挠得蚂蚱心里痒痒的。看她着急，我就顺水推舟地说：'要么你自己看去吧，妈妈没时间一下子看那么多。'蚂蚱还是顾虑她能不能读得了。我就说：'你试试，有不认识的字没关系，把大概意思看懂就行，哪些字影响理解，就问妈妈。'她听我这样说，就开始试着读起来。进入阅读过程并不难，重要的是让孩子无所顾忌地拿起一本书开始读。等她读的内容超过我读的部分，我就经常假装没时间看，又表现出急于想知道皮皮鲁后来怎样了，让她把看到的情节讲给我听，并和她一起聊书里面有趣的人和事。这让蚂蚱越读越有兴趣，等读完这本书后，她开始对自己的阅读能力有了信心。

"读完这本书，我和蚂蚱一起看了一下该书的前言，知道郑渊洁是个'童话大王'，《皮皮鲁总动员》一共54册，里边的故事人物像皮皮鲁、鲁西西、舒克、贝塔和罗克，引起了她的好奇，她说还想看郑渊洁的书。我就说这么多书要是买的话挺费钱，不如租来看吧，于是带她去租书。这以后，她越读越多，越读越快，阅读兴趣越来越浓厚，阅读能力更是大幅度提升。蚂蚱小学阶段已读完了郑渊洁写的全部童话故事，初一读完金庸、梁羽生的全部武侠小说，初二、初三读完八大名著……发现了读长篇的乐趣，之后再读长篇就成了一件非常简单的事。"

听完思雨的话，天宇叹了一口气，说皮皮不喜欢阅读任何书籍，连故事书都不读，似乎对读字有一种恐惧，作文也写得很差，为此他很发愁。他知道蚂蚱读了很多书，就特别希望蚂蚱能和皮皮一起玩，皮皮受些影响，也能喜欢读书。

吃饭的时候，天宇对皮皮说："你看蚂蚱才比你大一岁，已经读了好多书，你以后也要多读些书，不能整天只玩游戏。"

这种场合下的这种对比，让皮皮显得很尴尬，脸色也很难看。思雨赶快让两个孩子到另外一个屋玩，然后提醒天宇不该当着这么多人的面说孩子，这样说会让孩子对阅读更没信心，而且觉得这是很丢面子的事。孩子其实是很要面子的，如果你想让他做什么事，应该恰当地对着外人流露出对他这方面的赞赏。思雨还提醒天宇：如果你想让孩子喜欢课外阅读，就千万不要直接要求他"读书去"，也不要总拿他爱不爱读书这事当话题来聊，更不要用阅读的事来教训他。

大家分手的时候，天宇也许是真的心急了，又对皮皮说："你看蚂蚱已经把郑渊洁的童话故事和金庸、梁羽生的武侠小说都看完了，回头我也给你租几本来看。"皮皮有些迟疑地点点头。思雨隐隐觉得天宇这样说还是不太妥当，他其实仍然在用一个孩子的强对比另一个孩子弱，而且他的话说得实在太直白、目的性太强了，没给"诱惑"留下一点余地。

果不其然，再次见面时，天宇唉声叹气地对思雨说："不管是租了郑渊洁的童话，还是金庸的武侠小说，皮皮一概不读，3本书3天就看了3页，然后就再也不肯往下看了。"

思雨不得不坦率地对他说："你找了蚂蚱做榜样，却没找到激励皮皮的突破口，只是用蚂蚱的好，对比出皮皮的不足，所以不能从心理上打动皮皮。儿童阅读靠的是对读书的兴趣，皮皮只是个孩子，怎么可能为了不比蚂蚱落后和你的要求而去读呢？"

天宇一听可着急了："这可怎么办？"

思雨考虑郑渊洁、金庸的作品已给皮皮带来压力，就说："你暂时不要再提读童话和武侠小说的事，他对文字那么恐惧，只能先从最简单的东西开始读起。这样吧，你先订份《晚报》，上面天天有一些有趣的社会新闻，这谁都爱看，是最消遣的东西。你每天看到哪条新闻有趣，就推荐给孩子读，不要多，每天一两条就够了。先引诱他读报纸，如果他能经常浏览报纸，慢慢就会觉得阅读不那么可怕，然后再想办法让他读书。"

又过了几天，天宇打电话给思雨，还是满腹牢骚，说皮皮是"刀枪不入、油盐不进"连报纸也不肯看！

思雨就奇怪了：这个皮皮为什么对文字"刀枪不入、油盐不进"？她细细地了解过程后，发现天宇的做法总是不得要领。这种情况下，孩子要是愿意去读才怪呢！原来，天宇每天下班买份《晚报》，回家后就把报纸递给皮皮，然后对他说："读报纸有好处，这份报纸很好看，你至少要读一到两篇文章，想读哪篇就读哪篇。"

为了检查皮皮读没读，每天临睡前天宇还让他把读过的内容讲给自己听。皮皮只读了几天，又开始为了读报纸和他犟。天宇虽然每次把该做的好像都做了，却总是达不到目的，他对思雨说：

"我对皮皮的阅读简直绝望了！他就不是读书的那块料！"

思雨不得不再一次坦率地对天宇说："你的行动中有一点'诱惑'，但实质上还是在'命令'。你规定他至少要读一到两篇，还去检查孩子读没读，这样读报纸就变成了'任务'。你要把自己放到皮皮的位置上好好想想，感受一下什么才叫'诱惑'；如果你总是站在家长的角度想问题，就很容易一次次地把'诱惑'变成命令，一次又一次失去效果。"

并不是所有的人都像天宇这么一根筋，只要一旦理解了阅读的重要性，同时也能理解"诱惑"的重要性，并会想一些"诱惑"的手段，就能让孩子慢慢喜欢上阅读。但其中不少人的方法却常常失败，因为这些手段所制造的"诱惑"敌不过另一个诱惑——电视机或者电脑。

如果一个孩子从小养成了阅读的兴趣，他一般不会让电视夺走自己的阅读时间；但如果孩子在电视机前长大，一直以来都很少接触书籍，你想要让他半路开始阅读，是比较困难的，需要动用更多的手段。家长绝不可以采用强行关电视、关电脑的方法来让孩子读书。即使关了电视、关了电脑，也不可能让孩子心甘情愿地拿起书；即使他拿起了书，也不可能用心去读。

> 希望蜻蜓能在人生的道路上一如既往地严格要求自己，始终做一个自律的人，只有这样才会越来越展现出她自身的人格魅力。

32. 做个懂得自律的人（蜻蜓：初一）

蜻蜓在思雨的诊所门口捡到一部手机，她看了一遍又一遍，欢喜得不得了。

看她爱不释手的样子，是不打算还给失主了，思雨沉思了片刻对她说："手机掉在我们诊所门口的，极有可能是这里的病人的。你看看通话记录或者电话簿，最好找到失主，还给他。"

"没电啦，反正也不是我偷的，别人也没看见是我捡的，而且你不正准备给我买手机吗？留下吧，妈妈。"蜻蜓是越看越喜欢，忍不住小声央求着思雨。

"这样是不对的，蜻蜓。"思雨说，"古人云'君子爱财，取之有道。'不是我们的东西，我们是不能要的。不要说是一部手机，就是一个小玩具也不行！"见蜻蜓孩子气地嘟起了嘴，思雨又说道："我给你讲个故事吧。"

蜻蜓看了妈妈一眼，点了点头。

"清朝雍正年间，有个名叫叶存仁的人，他先后在很多地方当过官。有一年，他任职期满，下属们为他准备了临别赠品，为避人耳目，他特地赶在深夜之时派船送行。他们私下以为叶存仁平时不收受礼物，是怕别人知晓惹出麻烦，妨碍他的前程，而此刻夜深人静，自然无人知晓，他肯定会收下。叶存仁等了很久很久，船只迟迟不肯启程，直到明月高高升起来，才见远处划来一叶小舟。叶存仁看到此番情景，岂能不明白他们的心思？他莞尔一笑，即兴写诗一首：'月白风清夜半时，扁舟相送故迟迟。感君情重还君赠，不畏人知畏己知。'随后将礼物完璧奉还。"

"蜻蜓，你看，古人尚能做到'不畏人知畏己知'，何况生活在这个年代的我们？"

听完思雨的话，蜻蜓忍不住感叹道："妈妈，难得啊，叶存仁真是一个好官、一个清官啊。"

"对啊，叶存仁不单是一个好官、清官，更是一个懂得自律的人啊。"

"妈妈，什么是自律？"

"就是自己约束自己，换句话说，也就是要自己对自己有要求。人前人后保持一致，不自欺，亦不欺人。"

"那做个懂得自律的人，又有什么好处呢？"

"自律不是为谁，而是为了一个越来越有魅力的自己。自律的本质，就是自我雕塑、自我培养、自我历练，正是因为有了这样一个过程，才能看到自己的成长与价值。"

"哦。"蜻蜓还是有点疑惑地应了声。

"你还记得妈妈发烧那天晚上,你不是接了一个电话吗?"

"是啊。"蜻蜓答道,"电话还是我接的呢,是李阿姨不小心扭伤了腰,打电话给你,我知道您刚吃过药,正躺在床上休息,还准备不告诉您呢。"

"你知道我为什么让她来诊所,自己生病还要为她处理病情?"

"我也纳闷,咱家又不缺那点钱,你何必遭那个罪,让她直接去医院不就得了?"蜻蜓不解地问。

"因为妈妈也是一个懂得自律的人。"思雨说,"妈妈是一个医生,治病救人是医生的责任。所以,妈妈既然做医生,就不想推脱自己的责任。虽然妈妈感冒难受,但是李阿姨是以病人的身份求助妈妈,所以妈妈一定会履行自己的职责。"

"我知道了,妈妈,也就是说,如果你当时也是一个病人,就是不去为李阿姨治病,李阿姨也会理解。但是你时刻记得自己是一个医生,不是做给谁看,这就是自律!对吧,妈妈?"

"嗯,你能明白这个道理,已经足够了!"思雨拍拍蜻蜓的肩膀,又开始忙着接待病人了。

随后,蜻蜓把手机放在诊所比较显眼的地方,还留了一张招领失物的字条。第二天,感激万分的失主把手机拿走了。

爸爸出差回来,知道了这件事,感到很欣慰,准备找蜻蜓聊聊。蜻蜓正好要去给学生上辅导课。爸爸看到她郑重其事地找出校服,扎好辫子,换上运动鞋,和平时上学一样,忍不住揶揄道:"嘿,打扮得那么正式干吗?穿那件漂亮的休闲服多好!"

听了爸爸的话,蜻蜓一本正经地说:"爸爸,那些小弟弟、小妹妹都把我当成老师,我要对我的学生负责,我一定不能让他们失望,更不能破坏他们心中的'老师'形象。"

"呵呵，看来我的女儿真的长大了，听妈妈说你捡到手机又还给人家啦，是什么原因让你这么做的？"爸爸好奇地问道。

"是妈妈言传身教的结果啊。"蜻蜓一本正经地说，"还有我想到的一些格言、故事啦。"

"什么格言、故事？说来听听！"爸爸兴致勃勃地问道。

"好啊，'一丝一粒，我之名节；一厘一毫，民之脂膏；宽一分，我受赐不止一分；取一文，我为人不值一文'这是清代张伯行说的；'勿以恶小而为之，勿以善小而不为。'这是三国刘备说的。"

"对啊，这些自律的格言说得挺有道理！故事呢？你想到的是什么样的故事？"爸爸心服首肯地问道。

"爸爸，你可听说过'关西夫子'杨震的故事？"蜻蜓郑重其事地问。

"咦？'关西夫子'杨震？没听说过，你讲给爸爸听听。"

"东汉时期有位清官名叫杨震，他在荆州任职时，发现王密是个才华出众的人，就举荐给了朝廷。王密自然对杨震十分感激，私下送上10两黄金以表谢意，并说：'黑夜里，无人知道，您就放心收下吧！'杨震脸色阴沉地教训道：'你送黄金给我，有天知、地知、你知、我知，怎么能说无人知道呢？自古以来，君子慎独，哪能以为无人知道，就做出违背道德的事情呢？'爸爸，杨震能说出这样的话，就说明他是个非常自律的人啊。"

见爸爸频频点头，蜻蜓接着说，"爸爸，不但古人中有很多自律的人，就是现实生活中也有很多自律的人啊，妈妈是这样，爸爸您也是这样的！"

爸爸看着懂事的蜻蜓，欣慰地笑了。不一会儿，孩子们陆陆续续来到了，蜻蜓带着他们去了书房，望着孩子的背影，爸爸对思雨说："在别人不留意的地方能够自觉地严于律己，蜻蜓真是长大了。"

"是啊,希望蜻蜓能在人生的道路上一如既往地严格要求自己,始终做一个自律的人,只有这样她才会越来越展现出她自身的人格魅力。"思雨笑着说。

> 父母的强项，很多时候会成为压制孩子成长的大山——因为你在这方面比较优秀，你就不会容忍自己的孩子在这方面暂时的"弱"与"笨"。

33. 对症下药，让数学起死回生
（蚂蚱：初一到初三）

作为妈妈，思雨的潜意识里一直认为蚂蚱是很聪明、很了不起的，总是逃不出"孩子都是自己的好"这个怪圈，而且因为蚂蚱比同龄人小两岁就上了小学一年级，在没上幼儿园的情况下，还能排在班级前几名，这就足以让思雨引以为豪。

小学升初中时，思雨不得不接受了一个不争的事实：蚂蚱是个普通的孩子，而且因为比同班同学小两岁，不仅是专心听讲时的时间短，就连思维反应也比同龄人慢半拍。这一发现让思雨忐忑不安起来。

果不其然，开学后的第一个学期，蚂蚱的状态持续不好，被各科老师批评，因此她产生了厌学情绪，思雨看不到她有赶上去的可能。期中考试结束后，蚂蚱拿来成绩单，数学：63，语文：47！这下，思雨真的感到绝望了，和老公商量之后决定分工合作：思雨擅长写作，那就陪读语文；老公理科棒，当然要陪读数学了！陪读的最初含义是帮蚂蚱解答不会做的习题，仅仅如此，思雨和老公都觉得头痛。他们必须要在忙完工作、做完家务后，和蚂蚱一起坐在书房里研究她的试卷和当天的作业。这样一来，老公要推掉以前的各种应酬，思雨呢？肯定要割舍掉看书写作的习惯，随时随地为蚂蚱待命。

于是，研究蚂蚱的试卷，成了他们首当其冲的课题。首先把她不会的、做错的题都详细讲解完毕，再让她订正一遍写在"纠错本"上。看到她抓耳挠腮、写写停停、反应迟钝的样子，思雨和老公四目相对时不免会怀疑：这真是我们的孩子吗？

记得那天晚上，蚂蚱和往常一样订正数学作业，老公一连讲了3遍，她还是没做对。看着一头雾水的蚂蚱，老公压抑了很久的火气终于爆发了，拍着桌子吼道："你上课到底听讲没有？！这么简单的题，订正3次了，居然还是错的！我真怀疑，你的脑袋是不是榆木疙瘩做的？！"

蚂蚱哭了，一直摸不着窍门的她只能无助地看着思雨，思雨叹了口气站起来，劝走了怒气冲冲的老公，安抚好嚎啕大哭的小蚂蚱，沉思了良久，拨通了她数学老师的电话。

第二天上午，思雨走进了教室，和蚂蚱一起听了关于这个章节的数学课，终于找到了蚂蚱听不懂课的缘由：老师在黑板上指点图形讲解"同旁内角互补"的时候，她正好低下头找笔；当她抬起头时，老师的教鞭刚离开图形。开始做课后习题了，她自然不会！老师评讲到这个地方时，她又急忙埋下头去记，再次错过看懂的机会。最终，这节课的知识，她直到下课都没弄懂，更要命的是，她居然没有意识到自己为什么没听懂！两次错过的时间，总共不到一分钟。

思雨终于意识到，这对孩子听课的要求有多高！他们与老师要很默契才行！孩子们一天至少要上 7 节课，也就是说，他们至少要集中 7 个 45 分钟！原来专心听一天课，竟是这样一件高难度的事情，之前思雨和老公都认为这是一件很普通、很正常的事，为此，他们经常简单而粗暴地呵斥孩子……不过，思雨倒是把那堂课听懂了，也找到了蚂蚱听不懂课的根源，并且制定了相应的对策。

再次陪读时，思雨先和蚂蚱一起把书上的内容读懂了，再让她动手写作业；还是不会的话，再和她一起找到书本上的相关内容先研究，再分析，后讲解，并告诉她："这段时间的任何题都可以问妈妈，我们一起看书，一起思考，一起解答问题。数学是你爸爸的长项，他不能理解我们这种差生的感受，我可以理解，我们不求他，我们靠自己！"

思雨能感受到蚂蚱发自内心的感激和依恋，因为妈妈终于找到了切实可行的解决方案，她的数学有救了！一天又一天过去了，蚂蚱的反应比之前快多了。思雨赶紧鼓励她：只要继续这样坚持下去，多年以后，你肯定学得比爸爸强！她也切实体会到从不懂到懂这个过程中的喜悦和微弱的信心。

初一、初二，蚂蚱的数学一直是稳步前进！到了初三，她的数学多次考取满分，而到了初四，她的数学成绩一直是名列前茅！

这个事情，让思雨意识到：父母的强项，很多时候会成为压制孩子成长的大山——因为你在这方面比较优秀，你就不能容忍自己的孩子在这方面暂时的"弱"与"笨"。蚂蚱的数学被爸爸打击过，语文被思雨打击过。意识到这个问题后，思雨和老公都不再主动管她学习的内容，只签字、检查她做过的题有没有马虎的、错的或者不会的，具体情况具体对待。

> 无论做什么事都要从大方面看，顾全大局，不能因小失大。

34. 蜻蜓的剪纸（蜻蜓：初一）

蜻蜓喜欢简笔画，更喜欢剪纸。每当画出一幅满意的画，必定将它剪切下来。小到花、鸟、鱼、虫，大到山、水、人物都是她创作的题材。一旦完成佳作，思雨家的墙壁、家具、沙发，包括电视都会成为她展示的平台。

蜻蜓爸爸从医多年，养成了爱干净、爱整洁的习惯，家里的每个地方，都被他收拾得一尘不染。所以，蜻蜓的剪纸就成了他最不能容忍的东西。虽然蜻蜓爸爸非常喜欢她的剪纸，但却不喜欢她在家里乱贴乱粘，这件事情就成为了父女俩矛盾的导火索，而蜻蜓的佳作也就成了爸爸眼中的"牛皮癣"。

也不知从什么时候开始，蜻蜓迷上了十二生肖，从绘画到剪切，反反复复，历经3个月的时间，终于完成。蜻蜓拿着这来之不易的成果，激动不已，于是献宝似的拿给爸爸妈妈看。这些设计新颖、造型独特、妙趣横生的剪纸，真让思雨和蜻蜓爸爸大开眼界，赞叹不已。看到爸爸妈妈欣赏的眼光，蜻蜓洋洋得意地笑了，扬起小嘴，拉着爸爸的胳膊，撒起娇来："爸爸，这次可不许再撕我的剪纸啦。"

"你又要干什么？"一听这话，蜻蜓爸爸立刻警惕起来。

"你和妈妈都看见了，这么好看的剪纸，当然要贴起来，让大家欣赏呀。爸爸，妈妈，你们看，贴在哪里合适呢？"忘乎所以的蜻蜓，根本没注意到，爸爸的脸色正在晴转多云、慢慢变黑，她还在肆无忌惮地说着。

看到兴高采烈的蜻蜓拿起一张剪纸跑向大厅，蜻蜓爸爸的眉头越皱越紧。

"妈妈，我看，就贴在大厅里吧？要不然贴在书房里也行……"蜻蜓的声音从大厅传来。

"你敢！"怒气冲冲的爸爸，随后赶来制止，"上次的'牛皮癣'还没清除干净，你还要贴！——老婆，都是你惯的，你看看，家里都被她弄成什么样了。我告诉你，从今以后再也不许你到处贴了，要是你胆敢不听的话，看我怎么收拾你！"

"爸爸，你也太过分了！太不尊重我的劳动成果了！上次你毁了我的那套脸谱，那可是得了市一等奖，连老师、校长都表扬了我。刚才你还夸奖我这些剪纸怎么怎么好，这还没贴，你就要毁！"蜻蜓张大嘴巴毫不示弱地对着爸爸大声吼道，随即转身推开了爸爸，朝书房里喊道，"妈妈，你看看爸爸刚才还说我剪纸好，现在又要毁掉我的作品，他是个心口不一的坏爸爸！"

蜻蜓的指责不无道理，爸爸的火气小了点，缓声说道："爸爸欣赏你的剪纸，但并不代表你可以把剪纸随意乱贴呀，你可以把剪纸贴在你的房间里，那是你的私人领域，我们无权干涉。但是，其他的房间，包括大厅，都不可以！这是家，不是你的展示台！好吗？"

"贴我房间谁看得见呀，我就要贴在大厅和书房里，我不管！这个家我也有份！哼！"蜻蜓大声抗议道。

"你敢！我就不信，你一个黄毛丫头，我还管不了你了！你看看，你看看，这个家都成什么样了？我每天下班都得收拾，现在有的还没刮掉呢，为了清除你的这些'牛皮癣'，我费了多少事，你知道吗？"蜻蜓爸爸气得浑身直哆嗦，指着没清理干净的地方，大声说道。

看到爸爸决不妥协的样子，蜻蜓毫无办法，只好跑到书房里求助思雨："妈妈，妈妈，你说句话啊。爸爸说他费事，他知道制作这些画，从设计到剪成，我又费了多少事吗？"

"找谁也没用，这次我说了算，就是不许贴。"随后，蜻蜓爸爸白了思雨一眼，那是无声的警告。

"哼，这是我们四个人的家，你一个人说了不算。老规矩，我们举手表决，妹妹，妹妹，你出来，我们有事找你。"蜻蜓"哼"了一声，朝妹妹的卧室跑去。

看着进了蚂蚱卧室的蜻蜓，思雨摇了摇头，这边是老公，那边是女儿，他们公说公有理，婆说婆有理。思雨看看老公，她知道，老公肯定不会再让步了。

就在这时，刚从卧室里走出来的蚂蚱叫起来："姐姐，你看，再有两天就是你的生日了，我又可以吃到蛋糕啦，这次咱买水果味的好不好？"

"你就知道吃，现在来投票，别忘了，我在房间里和你说的，你支持我，就买水果味的，否则……你知道的。"蚂蚱眨巴眨巴眼，手还在那本挂历上，心思早跑到水果味的蛋糕上了！

"蜻蜓的生日？"思雨小声嘀咕一声，抬起头，看到挂历上做的记号，眼前一亮，有了，有办法了。

"行了，我们也别投票了，我已经想到了一个两全其美的办法，保证让你们都满意。"思雨做了一个停止休战的手势。

全家人同时对着思雨睁大了眼睛，异口同声地问道："妈妈／老婆，什么办法？什么味的蛋糕？"

"再过两天就是蜻蜓的生日了，我找人做个剪纸夹送给蜻蜓做生日礼物，蜻蜓可以把剪好的东西都放进去，然后，放在大厅里或者书架上，这样的话，既便于永久保存，也可以方便欣赏。老公，说不准咱的女儿成名了，这最原始的手稿可就成了珍藏版了呢。"思雨洋洋得意地说，"我这个主意怎么样，还不错吧？"

"老婆，你太有才了。"蜻蜓爸爸一拍大腿，"这主意真不错，我怎么就没想到呢？"

思雨白了蜻蜓爸爸一眼，又转过脸对蜻蜓说道："你同意吗，闺女？"

"同意，我同意，可是到底要什么味的蛋糕呢？"蚂蚱急忙说道。

蜻蜓又白了一眼蚂蚱："蛋糕，蛋糕，你就知道蛋糕，真拿你没办法，就水果味的好啦！"

"耶，老姐万岁！欧耶、欧耶、你们继续聊，我回房继续看我的动画片去！"

蚂蚱蹦着跳着走了，蜻蜓转过脸对着思雨笑道："当然同意呀，这样朋友来玩，也可以拿给他们看，太好了，老妈，你怎么没早些想到呢，可惜以前那些剪纸都被爸爸毁了。"

思雨搂过蜻蜓笑着说道:"心疼啦!"

靠在妈妈的怀里,蜻蜓是想也不想就回答:"当然心疼啦,哪一幅画不是花了很多时间才设计好,剪好的?可惜都被爸爸一下子弄没啦,再想剪,怎么也剪不出来以前那样的啦。"说完,她抱怨地看着爸爸。

"好了,爸爸向你承认错误,不要生气了。"蜻蜓爸爸受不了女儿责备的眼神,举手投降了。

"既然心疼,那一定要记住,自己努力做出来的东西,一定要珍惜,要收藏好,不可以乱丢、乱弃。"思雨摸摸蜻蜓柔软的头发叮嘱道。

"知道啦,以后不就有了剪纸夹了吗?肯定会珍惜的。"蜻蜓急忙说道。

"其实你也不能怪爸爸毁了你的剪纸。"思雨说道。

"为什么呀?"蜻蜓疑惑地说道。

思雨想了想说:"问你一个问题啊,一个人把脸洗干净了,衣服穿整齐了,但是他的脸上被人画了小花,你说好看吗?"

蜻蜓想也没想就乐了:"哈哈,那还不丑死啦,谁这么可笑啊!"

思雨笑了笑,说:"可是他脸上的小花,画得很漂亮很漂亮,那样你说好看吗?"

"那也不好看,感觉怪怪的。"蜻蜓皱了皱眉头,想了想,还是觉得不好看。

"那你想一想,我们的家就像一张干净的脸,你的剪纸就像那非常漂亮的小花,虽然很漂亮、很好看,贴在大厅、墙上,就好像贴在一个人的脸上一样,我这样比喻,听得懂吗?"思雨看着蜻蜓的眼睛,很温柔地问道。

蜻蜓看着妈妈,若有所思地点了点头:"我想,我明白了,我当时就想到我的剪纸很漂亮,想让大家都看到,没想到它会破坏了房间的整体美。"

"对啊,所以无论做什么事都要从大方面看,顾全大局,不能因小失大。"

> 把他们召集在一起，可以减少他们自由支配的时间，阻止他们因为无所事事而误入歧途。

35. 蚂蚱的见义勇为（蚂蚱：初一）

跳下了公交车，蚂蚱开开心心地往前跑去，今天可是她转学后开学的第一天。一路上，她看到了好多新同学，乐得她咧着嘴直笑。离学校大门口不远处有个小卖部，那里围着不少同学，蚂蚱忍不住好奇，忙凑过去看看。

这一看可不得了，居然是四个男同学在欺负一个女同学，他们拉扯着女孩的衣服，女孩低着头，直抹眼泪，就是不敢哭出声。听着周围同学的议论，原来那几个男孩子经常勒索女孩的钱财，今天女孩没带钱，就逼着她回家拿钱，女孩子不肯，结果被他们拉到这里欺负。

蚂蚱觉得那个女孩身影有点眼熟，定睛细看，顿时惊讶了：这不是李丽吗？她爸爸妈妈出国打工，她在姑姑家住，她的姑姑和妈妈可是好朋友,虽然没在一起单独玩过,但是都认识,还一起吃过饭。这事,我小蚂蚱不能不管!想到这儿,侠义心肠的蚂蚱二话不说挤了过去,一把拉着李丽就走。

那几个男孩可不干了,其中一个高个子的顺手拉住蚂蚱叫嚣道:"你哪个班的?先把钱给了,她才能走。"

"李丽,他们借给你钱了吗?"蚂蚱撇了男孩一眼,回头问了李丽一句。李丽抬起头一看,原来是小蚂蚱,急忙摇了摇头,躲到蚂蚱身后。

"她不欠你们钱,你们凭什么要她钱?几个男的欺负一个女的,算什么英雄好汉?!"蚂蚱不想再理那几个男孩,打算带着人就走。

"不许走!今天她没带钱,你帮她给也行,要是不给,我们就连你一起打。"高个男孩握起手中的拳头,对着蚂蚱的脸,晃了晃。

看到几个男孩子相继围上来,蚂蚱顺手把书包递给身边的李丽。"你们这是敲诈勒索,就不怕我告诉老师吗?"蚂蚱低声问道。李丽在蚂蚱身后扯了扯她的衣服。

"告诉老师?你们谁敢?嗯,我看谁敢说,我揍死她!快点把钱拿出来!"高个男孩边说,边把手伸向蚂蚱的口袋。

蚂蚱听着高个男孩的话就不顺耳,再看他摸着自己口袋的手,顿时火了,伸出右手一把抓住伸向自己口袋的手,往怀里一带,接着,抬起左拳狠狠地朝他的脸上打去。高个男孩毫无防备,一下摔倒在地,蚂蚱顺势骑到他身上,举起拳头,一拳又一拳……另外3个男孩呆住了,李丽也张着嘴,满脸的难以置信,周围看热闹的同学也同样惊呆了,不知谁喊了一句:"打人了,打人啦……"顿时惊醒了周围的人,那3个男孩急忙上前拉开骑在高个男孩身上的蚂蚱,高个男孩这才站了起来。蚂蚱走过去,晃了晃手里的拳头说:"服不服?不服就再来一次!"

高个男孩没敢说话，只是站在那里小声哭泣。

蚂蚱"哼"了一声，觉得没意思，放下手，从李丽怀里拿过书包，对那4个男孩说："打个架还哭，就这熊样，还敢出来敲诈勒索？告诉你们，我叫蚂蚱，初一四班的，还想比试的话，随时奉陪！"说完，拉起李丽向校门口走去。

见蚂蚱走了，高个男孩也停止了哭声，他们4个面面相觑：初一四班？可能吗？有点胖胖的男孩说道："我们不就是初一四班的吗？她怎么说她也是初一四班的呀？"

戴眼镜的男孩急忙说："是呀,是呀,我们班没这女的,哎,记不记得,老师昨天说过,咱们班今天要来个新同学,敢情就是她呀,我的妈呀,可真够猛的。"

"我认识她,我妈妈去她家治过病,她是鲁大夫的小女儿,叫蚂蚱。"周围没有离去的一个漂亮的小女生说。

几个男孩子还想继续打听有关蚂蚱的信息，却发现有老师朝这里看来，便不再说话，相继走向学校。

蚂蚱跟着老师来到初一四班，老师让她做了个简单的自我介绍，然后，安排她坐靠近窗口的座位，这时，她惊讶地发现，同桌竟然是今天早上刚刚被她揍过的那个高个子男孩，而那3位男生也是她的新同学！

高个男孩看见蚂蚱走了过来，连忙把她的凳子擦了擦，小声说道："老大，请坐，今天早上是我不对，我叫刘浩，以后你就是我们的老大。"

蚂蚱心里觉得有些别扭，瞪了男生一眼，低声说道："现在在上课，不要说话。"

高个男生"哦"了一声："是，老大。"

放学后，蚂蚱像往常一样蹦跳着回到了诊所，并没有发现后面还跟着 4 个男孩。4 个男孩看见蚂蚱进了诊所，便把脑袋贴在门缝往里瞧。

正在忙碌的思雨发现几个男孩在门口探头探脑，感到奇怪，随手打开大门说："你们找谁？放了学为什么不回家，来这里干什么？"

几个男孩看了看思雨，低头咕噜几句，你推我，我推你。最后，还是那个高个男孩鼓起勇气说道："阿姨，你是蚂蚱的妈妈吗？我是她的新同桌。"思雨疑惑地说道："嗯，你们是蚂蚱的新同学呀，找她有事吗？"

"是啊，我们是蚂蚱的同学，想认她做我们的老大。"一个男孩用很崇拜的声音对思雨说道。

"什么？做老大？"思雨万万没想到，会是这个答案！

"阿姨，你不知道啊，蚂蚱很厉害的，会武功。"接着，他们七嘴八舌地把早晨的一幕描述给了思雨。

晚上，思雨和蚂蚱的老师通了电话，知道这些男孩都是留守孩子，父母在外地打工，一年到头很少回家，大都跟着家里的老人一起生活。由于家人疏于管教，所以经常出入网吧，打架斗殴时常发生，很令老师头疼。听到这些，思雨不由得陷入沉思。

第二天下午放学，那几个男孩又来了，还是和昨天一样，在门前探头探脑，不好意思进来。思雨看到了，马上打开门，把他们领进事先准备好的房间里。"你们喜欢这里吗？喜欢和蚂蚱一起玩，一起学习吗？"思雨看到这些孩子好奇地摸摸这里，看看那里，笑着问道。

"阿姨，我喜欢这里。"高个男孩拿起一副羽毛球拍，边看边说。

"阿姨，我也喜欢这里。"

"阿姨，我也喜欢。"男孩们争先恐后地说道。

思雨笑着看了他们一眼，说道："想和蚂蚱在一起玩，必须先要写完作业，如果愿意的话，可以在这里写，不会做的题可以让蚂蚱教。"

"阿姨，写完作业后，可以让蚂蚱教我们武功吗？"听了这些话，蚂蚱直翻白眼，碍于妈妈在场，也不好说什么，实在不知道妈妈壶里到底卖的什么药！

"当然可以呀，作业写完后，蚂蚱给你们补习以前落下的功课。表现好了，可以让蚂蚱教你们少年拳。"思雨并没有理会蚂蚱惊讶的眼光。

"哈哈，那太好啦！"高个男孩笑着叫道。

"蚂蚱，你终于可以做我的师傅啦！"瘦瘦的男孩抚掌大笑。

"那我们现在就写作业，行吗？阿姨。"

思雨点了点头，站起身来说："行，你们写吧。"

紧张有序的学习、辅导、打拳，令那几个不喜欢学习的男孩子都充满了干劲，逐渐改掉了一些坏习惯，学习成绩也有所上升。他们家里的老人对思雨万分感激。

事后，思雨对蚂蚱说："第一，把他们召集在一起，可以减少他们自由支配的时间，阻止他们因为无所事事而误入歧途；第二，帮助他们学习，不但可以提高他们的成绩，同时当他们问你'为什么'的时候，你也可以巩固自己的知识、加深自己的记忆。"

> 现在就不体谅父母，将来还能关心父母吗？
> 所谓的"吃饭穿衣量家当"，没有那样的经济能力，
> 却要穿名牌，这就是虚荣心作怪。

36. 蜻蜓与名牌（蜻蜓：10岁到高中）

近几年，找思雨看病的人越来越多，她的钱包逐渐鼓了起来，有了点积蓄。虽然思雨还是坚持不乱花钱，但是买东西的时候已不再像以前那样算计来算计去。

蜻蜓10岁的时候，长得比同龄人高出不少，衣服更新得很快，特别是从初一开始，衣服更换得最快。蜻蜓上初中的时候，开始住校了。秋天的一个周末，思雨带她去百货大楼买保暖内衣。两人先去了以前经常光顾的那个柜台，挑了好久才看中了一套浅粉色的保暖内衣，浅粉色是蜻蜓喜欢的颜色，款式不错，价格也很实惠，108元一套。思雨打算给蜻蜓买两套，换洗着穿。不过，蜻蜓不喜欢其他颜色的同款内衣。

两人又在商场里逛了一圈，还是没有找到满意的衣服，只好走出商场，沿着临街店铺逛了起来。当路过一家服装品牌专卖店时，两人看到店里的模特正好穿着一套浅紫色的保暖内衣，款式和刚买的那件差不多，而颜色却更亮丽，蜻蜓也很喜欢。

思雨低头看了一下价格——800多。虽说思雨不经常买名牌，但也知道名牌产品肯定比普通的贵。不过，这个价位还算可以接受，加之服务员在旁边喋喋不休地介绍：又是款式新，又是质量好。思雨问了蜻蜓的意见，她说喜欢，思雨就买了下来。只要条件允许，哪个父母不希望自己的孩子吃得好点、穿得漂亮点？

蜻蜓拿着这两套保暖内衣，左看右看很开心。看着眉开眼笑的女儿，思雨同样感到一阵满足。

蜻蜓当然不知道什么是名牌，她还像以前那样，将两件衣服换洗着穿，不会因为衣服是名牌就特别喜欢。在她幼小的心里，衣服只要漂漂亮亮的、干干净净的就行，她也不会去注意价格、材质或是牌子什么的。

蜻蜓16岁的时候，思雨经常让她帮忙打理诊所的财务，而蜻蜓也总可以打理得非常好。除了把不同面值的钞票整齐地分类放好外，还每天清点一遍，每天进多少，出多少，一一记好账，有时候比思雨还要仔细，竟然把毛票也给整理出来！

每到周日，蜻蜓就会帮忙把一百元的大钞清点清楚，再带着妹妹去银行把钱存起来。时间长了，连银行里的营业员都认识这对姐妹了。

每到寒暑假，只要方便，爸爸就带着她们去采购药品、医疗器材，谈好价格后，自己坐在那里或者喝茶，或者看报，或者休息，蜻蜓就义不容辞地带着十多万块钱的卡去结账。慢慢地，蜻蜓学会了理财，变成了家里的小会计、小保管员。

思雨让蜻蜓学会理财的本意，是让她知道钱财来之不易，不要养成乱花钱的习惯。可别说，蜻蜓还真养成了勤俭节约的习惯，买东西也只买有用的，不买贵的，更别说去买什么名牌产品了。

蜻蜓上高二的时候，班里有个女同学把名牌手机和名牌电脑都带到了学校，还在同学面前炫耀说，那是她爸爸给她买的生日礼物，总共花了一万多！她的衣服、鞋子、书包、文具盒，全是名牌。同学们都羡慕不已，有的同学要求父母给自己买，有的甚至威胁自己的父母，不给买就不去上学。一时间，班里兴起了攀比之风。

蜻蜓回家后随口对思雨说起了此事，思雨以为她也想买，就对蜻蜓说道："这几年你的压岁钱还有打工赚的钱，加起来也有几万块钱了吧？要是喜欢的话，你也可以买，我不反对，再说，你也该有自己的手机和电脑了。"

蜻蜓一听这话，咬着削好的苹果乐道："妈，我是去上学，又不是去拼爹比娘的。"

思雨问道："那你的同学都有了，你不羡慕吗？"

"妈，名牌的手机和电脑可不是街上的大白菜呀！现在有几个家庭能消费得起？再说了，要是每个人都有的话，也就说明它不珍贵了，我还羡慕什么？"

蜻蜓把苹果核扔进垃圾桶里，接着说道："你又不是不知道你闺女，我就是买，我也不会去买名牌电子产品。"

"为什么呢？一般情况下名牌电子产品的质量都比较不错，而且还有保修期，你怎么不买呢？大多数人都喜欢买名牌产品，那也是挺有面子的事。"思雨奇怪地问道。

听思雨说完，蜻蜓像专家似的说道："妈，拜托，现在电子信息时代，电子产品淘汰的速度相当快，就比如说手机，最早是大哥大，九几年的时候出现了手机和小灵通，2000年后又有了彩屏手机。近几年电子产品淘汰的速度更快，先是直板手机，又是翻盖手机、滑盖手机，现在都有触屏手机了，这些还都是硬件，更别说现在那些软件系统了。如果现在买个最新款手机的话，不出一两个月就会出来更好的，价格可能还会更便宜呢！再者说，我现在是学习阶段，没有必要要名牌。当然，我也不想给自己整个老头机，一下把自己整回90年代，要买的话，普通的就行，什么功能都具备，不比名牌的差多少，而且价格还便宜，坏了、丢了也不太心疼。"

蜻蜓喝了口水，接着说道："将来我有了稳定的工作，也许我也会考虑买个名牌。至于衣服、鞋子，那是用来穿的，适合自己的就行了，我才不在乎是不是名牌呢！我现在是学生，还是要以校服为主。工作后一定要有几件名牌衣物撑撑场面，你闺女也是要面子的。"

看着侃侃而谈的蜻蜓，思雨这时才发现原来女儿已经慢慢成长起来了，甚至比自己想得更多，看得更远。"那你怎么看那些喜欢攀比的同学呢？"思雨接着问道。

"还能怎么看，虚荣心在作怪呗！我们班里有个女同学，家里是农村的，开家长会的时候我见过她的爸爸妈妈，穿着很朴素，很典型的农民家庭，家里不可能有那么多钱为她买名牌，我真想问问她为了满足自己的虚荣心，把父母的血汗钱穿在身上，不觉得难受吗？"

"这样的孩子，现在就不体谅父母，将来还能关心父母吗？所谓的'吃饭穿衣量家当'，没有那样的经济能力，却要穿名牌，这就是虚荣心作怪。"思雨感叹地说道。

"是啊，妈妈。是虚荣心和攀比心把他们都变成了自私自利的人。"

> 套孩子的话需要技巧。首先，要把最严重、最不可能的情况说得没什么了不起，比如你的小秘密，让孩子知道这都无所谓了，就没什么更了不起的秘密了，这样一下就卸掉了孩子的大半戒心。

37. 套出孩子的心里话（蚂蚱：初二）

周日，蚂蚱正在她的电脑上聊 QQ，突然回过头来，对眯着眼正在泡脚的思雨宣布："老妈，从现在开始不用再上我的 QQ 啦，也不用你帮我挂着升级啦，我要换密码了。"

思雨听了眼睛一亮，乐了，夸张地叫了起来："哇，什么情况？快告诉我，为什么要换密码？"她立马穿上拖鞋三步两步来到蚂蚱身边，一屁股坐下，悄悄耳语，"嘿嘿，臭丫头，从实招来，是不是找了个男朋友？"

蚂蚱看了一眼满脸坏笑的思雨，很是无语地直起身来，一声叹息："哎呀，我的老妈，你乱讲什么呀，怎么可能的事，你这脑子，想到哪里去了？"

思雨的嘴一咧，很没意思地敲了正在摇头的蚂蚱一记，说："好差劲，没有男朋友搞得这么神秘干什么，无聊！"

蚂蚱一捂脑袋，忍不住高声抗议道："跟你说了多少次了，不许再敲我脑袋，会敲笨的。"

"那好啊，不敲就不敲，有什么了不起的，那你说，好好的，为什么不许老妈上你 QQ 了？"思雨站起身来，看了看蚂蚱那白白嫩嫩的腮帮子，还是忍不住又拧了一把。

"哎哟，臭老妈，又拧我，我要报仇……"蚂蚱一边揉着有点疼的腮，一边向逃跑的思雨追去，"我不过加了一个 QQ 群，和同学们聊动漫，聊同学……"

"切，不就是什么什么白马王子、小帅哥，什么什么亲嘴、小情思嘛，有什么了不起的，哼，小样的，不看就不看，有什么大不了的。"思雨围着蚂蚱爸爸转，以此来逃避蚂蚱的追打，并忙里偷闲地做着鬼脸，还不忘故意歪曲事实。

"才不是呢，老爸，你看看，老妈又在胡说，我们是在聊动漫里的人。"抓不到思雨，蚂蚱看了看一直乐呵呵看热闹的爸爸，只好撅着嘴放弃了，"才不和你玩了，找同学聊去。"

思雨停下了，说："额，你们聊的都是虚拟的帅哥，你比老妈我差远啦，你老妈可是加了好几个群，聊的都是真实的帅哥，就像长篇小说群里的那个叔叔……"见蚂蚱又回到电脑前，思雨伸着脖子望了望。

"我知道，不就是你常和他讨论你小说剧情的那个吗？"蚂蚱撇了撇嘴，心不在焉地回答道，"我也有自己的群，是蓝丝带，你懂吗？"

"蓝丝带？知道啊，不就是爱心帮助贫困学生的那个群吗？"思雨歪着头想了想说道。

"是啊，我和几个班委还有几个好朋友都加入了这个群，用零花钱帮助她们。"蚂蚱一边敲打着电脑，一边和思雨来聊着。

"你们都是90后，自己还照顾不了自己，能帮助别人？我有些怀疑啊。"思雨貌似漫不经心地又来了一句。

"妈，你不要瞧不起人啊，我们定期联系，随时关注她们的动向和需要。我们用零花钱买来学习用品，还拿出自己的课外书，穿剩下来的衣服，捐给他们。"蚂蚱看到思雨瞧不起人的眼神，忍不住反驳道。

"你们的零花钱都用在这上面，自己没钱花了，不心疼啊？"面对思雨好奇的询问，蚂蚱洋洋得意地说；"妈妈，你不是常说，要关爱他人，感恩社会吗？"

思雨听了心一动，看着蚂蚱，想了想，问道："我家蚂蚱长大啦，真了不起啊，你从哪里找到这个群的？"

蚂蚱想也不想地回答道："妈妈，这说明我们90后是有爱心的好孩子啊，当然是老师提供的群啊。"

思雨重新坐回沙发上，大声叫道："好羡慕你们啊，哎，对啦，蚂蚱，能不能给老妈推荐一个需要帮扶的孩子，老妈也想献爱心，以后也好在你面前显摆自己……"

蚂蚱又坐在电脑前，一边和同学交流心得，一边回答思雨："老妈，我们群里有不少需要帮扶的对象，也有很多有爱心的老师，我要他们帮你推荐一个哈。"

听了这话，思雨又翘起了二郎腿，眉眼里都是笑，回头对蚂蚱爸爸做了个胜利的手势。

套孩子的话需要技巧，首先，要把自己拉到与孩子同一位置，当她告诉你她在群里聊动漫里的帅哥时，你要让她知道你也在做同样的事，比她聊得多，她这些都是小儿科而已，让孩子知道这些都是无所谓的事，一下就卸掉了孩子的大半戒心。

当孩子告诉你她加入了爱心群，你立刻表示出自己也感兴趣时，还要她帮你推荐她认为比较不错的群，你也加入。你知道了想知道的，孩子也对你卸掉了戒心。

> 早恋是孩子成长过程中不可避免的事情，如何正确帮助孩子意识到早恋的危害，是每一个做父母的不可推卸的责任。

38. 关于中学生早恋的问题（蜻蜓：初二）

两周一次的班会时间又到了，这次需要讨论的是：关于中学生早恋的问题。作为班会的主持人蜻蜓，她对这个问题自己还是毫无头绪，如何面对众多学生和家长？无奈之下，只好又求助老妈思雨。

听了蜻蜓的叙述，思雨明白了：她的同学浩然的学习成绩是以前的年级第一，这次月考，成绩下滑得惊人，她爸爸破解了她的QQ密码，偷看了她的聊天记录，她妈妈去移动营业大厅查了她的通话记录，知道浩然早恋了，然后他们找到了那个男生的家长，得知那个男生的成绩也从年级前几名滑了下来，之后他们4个家长一起去找校方领导处理这件事。

看到思雨认真地听着自己的解说，蜻蜓突然问："妈，难道你从不怀疑我？不怕我早恋？你也从没问我的 QQ 密码，也没问过我的好友是谁啊。"

望着女儿好奇的眼神，思雨笑了："我怎么会不相信自己的女儿呢？我虽然是你妈妈，但你长大了，懂事了，应该拥有独立的空间和个人隐私，有些小秘密也是正常的，一些事情我相信你能处理好，处理不好的时候，你会求我帮忙，对吗？"

"就这么相信我？"蜻蜓随手拿起茶几上的苹果，咬了一口，然后递给妈妈，"妈妈，你说，要是我早恋了，你会怎么办？"蜻蜓紧接着问道。

"你才不会早恋呢。"思雨就着蜻蜓的手，咬了一口，想也不想地对蜻蜓说。

"哎呀老妈，我不是说假设吗，我说假设我早恋了，你会像浩然的爸爸那样骂我吗？会像浩然的妈妈那样揍我吗？"这孩子不依不饶地问。

"其实，孩子早恋与家庭的环境有很大的关系。譬如说，孩子的爸爸妈妈因为工作的关系，把孩子托付给自己的父母，老人家的年龄和孩子们相差五十多岁，一般情况下很少能及时和孩子沟通，根本满足不了孩子的教育问题；你们这个年龄段，身体的第二性征开始发育，雌激素和雄激素发育不均衡，对异性产生好感也是很正常啊，有时候，大人喜欢以自己的心态衡量孩子，难免大惊小怪的。

爷爷奶奶那个时代连个电视也没有，报刊媒体又不多，接受的教育也是干巴巴的；爸爸妈妈们工作忙是其一，再者不爱看书，不接受新生事物；再看你们，电视、电脑，一天一个样，信息量非常大，对新事物接受也非常快。所以啊，看法不一样，彼此沟通不了，就产生了所谓的代沟。"思雨很认真地边想边回答。

"哦，要是真的早恋，你也能理解吗？你怎么处理？"看来这孩子要打破沙锅问到底了。

"假如我的孩子早恋了，我会感到意外，首先要考虑一下自己的问题，哪里做得不好了？为什么孩子有问题不找我谈？"看到蜻蜓把吃剩的苹果核扔进垃圾筐，思雨随手抽出餐巾纸，递过去。

"你会怎么和我谈，谈什么？演示一下如何？"蜻蜓接过餐巾纸擦了擦手，兴致勃勃地央求思雨。

"给你讲个故事，小故事大道理。"思雨看着茶几上的苹果，自信地说道。

"啊？故事？你讲故事？不会吧？什么故事？说来听听。"听到这个出乎意料的答案，蜻蜓急忙追问。

"嗯，这个故事就是，给你两个苹果，出于人的本能，一般会找个比较好的吃，挑选的余地也就两个苹果，但是给你一篮子苹果要你从中挑选，你挑选的余地就比两个苹果多了许多。假如给你一个苹果园，你挑选的机会是不是更多啦？对不对？"思雨笑嘻嘻地问。

"是啊，这道理我明白，这好像和早恋不沾边吧？"蜻蜓有些迷惑地问。

"中学时代的男朋友就像两个苹果，挑选的余地是本市区的，年纪小，不成熟；大学时代挑选的男朋友，就像那一篮子苹果，挑选的余地就是全国范围内的，那时眼光肯定比中学生成熟多了；要是能走出国门，那个范围就好比一个苹果园啦，嘿，更多的精英任你挑选，因为你也具备了那些条件。你看，随着年龄的增长，阅历的加深，眼界的开阔，你挑选的时候自然知道哪个类型的男孩子更适合你。对不对？你说，你是想在两个苹果之中选择呢，还是想在一个苹果园中选择？"思雨不再笑嘻嘻而是很认真地问道。

"我想我明白你的意思了,妈妈。这个答案太奇妙了。"蜻蜓由衷地赞叹道,"放心吧,你的女儿肯定会在苹果园中选个最好的。"

早恋是孩子成长过程中不可避免的事情,如何正确帮助孩子意识到早恋的危害,是每一个做父母的不可推卸的责任。

> 哪有人生来就会写作的，他们都是在失败中不断地学习，要想写出好文章，必须要多看、多读、多记、多想。

39. 作文参赛落选后（蜻蜓：初二）

蜻蜓喜欢写作，而且写得也不错，语文老师时常把她的作文当成范文读给同学们听。

暑假快结束的时候，思雨的同学来威海旅游，思雨一家陪着同学痛痛快快地游玩起来，不管是一千多里的海岸线，还是历史悠久、横踞海上的刘公岛，都令她赞叹不已、乐不思蜀，就更不用提那些让她唇齿留香、味道鲜美的生猛海鲜了……

蜻蜓也是第一次跟着妈妈走了这么多景点，看到了那么多的游客，听到了那么多的赞美，她突然生出了这么一种感慨：生活在这里的人，是多么的骄傲和自豪啊！回到家，蜻蜓满怀激情地写下了《我为家乡喝彩》一文，美滋滋地拿给思雨看："妈妈，妈妈，快看啊，真是一气呵成，居然还有点意犹未尽的感觉哎！真没想到我竟然这么棒。"

"不错呀，闺女，我记得，你们学校里不是在组织'爱祖国，爱家乡'全国有奖征文大赛吗？"

"对啊，妈妈，你看这篇能行吗？"蜻蜓笑着说道。

"写得不错，可以试试，不试试怎么知道行不行啊。"思雨拍拍蜻蜓的肩膀鼓励道。

"那你说，能得奖吗？"蜻蜓期待地看着思雨。

"重在参与。"思雨笑着说。

"那我明天就投这篇了！"蜻蜓举着手中的作文兴奋地说。

在蜻蜓一天又一天的期待中，学校的评选结果出来了，没有看到自己的名字，蜻蜓知道自己的作文落选了。

回到家里，蜻蜓一脸沮丧地往沙发上一坐，思雨见状，问道："哟，闺女，怎么了？谁欺负我家宝贝了，告诉妈妈，我给你报仇去！"

"哟，就你那样，还报仇！"蜻蜓不屑一顾地看了看摩拳擦掌的思雨，撇了撇嘴，不再言语。

"你个臭丫头，可别瞧不起人啊，我可是你亲妈，真心实意地想帮你。"思雨急忙争辩道。

"妈，我的作文落选了。"蜻蜓委屈地说道。

"落选了？你的那篇《我为家乡喝彩》写得很好呀，怎么就落选了呢？"思雨不解地追问道。

蜻蜓皱着眉头看了看妈妈，然后苦笑道："妈，你就别埋汰我了。这是入选的那篇作文，我拿来了，你看看。"说着，从书包里拿出张报纸递给思雨。

思雨接过来，这是一篇题目为《我的祖国，我的家乡》的作文，作文的开端先略写了祖国的美好，之后详细地描写了自己对家乡的热爱。

见思雨看完了，蜻蜓撅着个嘴，赌气地问道："妈，我是不是没有写作文的天赋呀？"

看到这孩子气的举动，思雨知道，蜻蜓已经对自己的写作能力产生了怀疑。"谁说的？其实我闺女写得也非常棒！"思雨摸着蜻蜓的头，用非常肯定的、不容置疑的口吻说道。

"妈，我知道，在你的眼里孩子永远是自己的好！可是，事实证明，你孩子写的作文就是比不上别人的。"蜻蜓毫不客气地再次重申。

"妈妈可不这样认为，如果这次你们学校组织的征文大赛的命题不是'爱祖国，爱家乡'，而是'我爱家乡'，我相信，你写的这篇作文将是最棒的，你看，你写的《我为家乡喝彩》，语句优美，重点突出，你对家乡的景点与古迹的描写，恰到好处，给读者带来一种身临其境的感觉，极富画面感，在同龄人中，能达到这种水平也是寥寥无几。就连这篇《我的祖国，我的家乡》，从语法上来说，也不见得比你好，但是它符合'爱祖国，爱家乡'这个命题，如果单独把这两篇作文做比较的话，你写的《我为家乡喝彩》不比这篇《我的祖国，我的家乡》差。"思雨详细点出了蜻蜓的问题。

"哦……妈，你的意思是说，我写的跑题了？"蜻蜓点点头，"好可惜，这么棒的作文竟然没选中。"接着，她又摇了摇头，自言自语地说道。

"咦？你不会是想第一炮就打响吧，你可不知道老妈我想当年投了多少次稿，被退了多少次稿，最后才成功的！"思雨又想去拍蜻蜓的小脑袋。

"老妈，既然你承认我的作文写得这么好，为什么我不可以这样想?"蜻蜓看出了思雨的企图,拍了一下她的手,索性站起来,"你的作品有那么多人喜欢,不可能遭遇退稿的问题吧?"

思雨白了她一眼,也站起来,伸伸懒腰,说道:"哪有人生来就会写作的,老妈都是在失败中不断地学习,要想写出好的文章,必须要多看、多读、多记、多想。"看到蜻蜓认真地点点头表示认可,思雨接着说道,"等你写出自己满意的作品的时候,可以尝试着寄给报刊、杂志,或者网站,直到他们发表你的作品,不要怕退稿,知道《哈利·波特》吗?"

"当然了,那可是我最喜欢的小说和电影。"蜻蜓开心地回到思雨身边,问道,"这和我们的写作有关系吗?"

"知道吗?《哈利·波特》的作者J.K.罗琳,当年被退稿的次数,她自己都数不过来,就因为她的坚持不懈,才有现在的成功。"思雨认真地说道。

"我知道了,妈妈,我要做第二个J.K.罗琳,但是我可不想被退那么多次稿,那是一件很打击人的事。"蜻蜓双手捂住胸口,装作受伤的样子说道。

"臭丫头。"思雨推了一下蜻蜓笑着说道。

从那天开始,蜻蜓利用业余时间大量阅读各种刊物,然后写诗歌、散文、小故事、随笔,乃至小小说,寄往多家报刊、杂志,她始终相信妈妈的话,她的作文最终会被人欣赏的。

> 关键是你要让老师知道，你为了你的目标努力过。不要在乎结果，即使失败了，你也不会后悔，因为你努力过。

40. 清儿进班委（清儿：初二）

开学后的第二天傍晚，侄女清儿嘟着个小嘴，来到了思雨家，郁郁寡欢的样子引起了思雨的注意。

清儿在客厅的沙发上坐了下来，拿起茶几上的水果赌气般地狠狠咬了一口。

"怎么了，谁惹着我们家的清儿了？"思雨好奇地问道。

清儿没说话，只是吃苹果，咬了一口又一口，吃得差不多了，才抬起头看了看思雨，眼泪在眼眶里直打转转。平复了一下情绪，清儿终于说出了原因——原来，他们的班是重新组合的，需要重新选班干部，因为老师对学生都不熟悉，所以老师只能按学习成绩的好坏来选择班干部，而清儿的学习成绩并不是很优秀，老师就没有选她。

清儿委屈地对思雨说:"我除了功课不是很优秀以外,我在其他方面是很优秀的,为什么我就不可以进班委?难道在老师心里,只有学习优秀的学生才能做班干部吗?"

思雨听完,心里暗自一笑:原来清儿是为这事烦恼啊!还以为什么大不了的事呢,这孩子从小就很活跃,经常组织家里搞点小活动,想做班干部也是很正常的事情。

思雨看着还为此事伤心的清儿,"扑哧"一下笑了出来。

"姑妈,你怎么这样呀,我都伤心死了,你还笑,难道你也认为老师的选择是对的吗?"清儿一看,思雨不但不帮自己批评老师,竟然还笑话自己,有些生气地责问道。

"不是,不是,姑妈不是笑话你,呵呵……"思雨笑着说。

"姑妈,你看你还笑,你再笑,我就回家,再也不理你了。"说着,清儿就准备起身。

"姑妈不笑了,你先听姑妈说完,再决定回不回家,好不好?其实老师这样选择也没错……"

思雨刚说到这儿,清儿就不乐意了,白了她一眼说道:"那你直接说老师是对的就是了,班干部只能是学习优秀的人才能做就是了,哼!"

"你说你,姑妈还没说完呢,你着什么急呀,学习优秀的人不一定会管理班级。"思雨说道。

"姑妈,你都把我弄糊涂了,你倒是想说什么呀?"清儿不解地问。

"你看,你们刚开学,老师是新调来的,还不了解你们每个学生,只知道你们学习成绩,是吧?"思雨说出了自己的猜测。

"嗯。"清儿点点头,表示认可思雨说的话。

"所以，老师只有一种选择，那就是按照学习成绩的好坏来选班干部。"思雨耐心地给清儿分析道。

"哦，原来是这么回事，反正都选完了。"听到这里，清儿有些沮丧。

看着清儿失落的样子，思雨说道："那也不一定，只要你有能力，不论你的学习是否优秀，老师也会认同你的。"

"你是不是有什么好的办法了，姑妈？你是说我还有机会？"清儿眼睛一亮，带着一丝期盼，摇晃着思雨。

"你可以给老师写一份申请书！"思雨认真地建议道。

"什么？写申请书？这能行吗？"清儿惊讶地反问。

"怎么不行？我刚才也说过了，老师不知道你有什么特长，但是你可以告诉老师呀，让老师知道你有能力协助好老师、管理好班级，只有这样老师才能按照你的特长，看什么职位适合你。你要是不说，老师肯定不知道，你也就失去了一次表现自己的机会！"看到清儿惊讶的眼神，思雨解释道。

清儿有点担心地说："写是可以写，要是老师不答应怎么办呀，那多不好呀。"

"你先别管老师答不答应，关键是你要让老师知道，你为了你的目标努力过。不要在乎结果，即使失败了，你也不会后悔，因为你努力过。明白我的意思了吗？"思雨鼓励地拍了拍清儿的肩膀。

"哦，对了，姑妈再告诉你一个小秘密。"思雨狡黠地小声说道。

"什么秘密呀？"清儿好奇地问。

"老师一般都喜欢勇于表现自己的学生哦！"思雨对着清儿眨了一下眼睛说道。

"我知道了，姑妈，你为什么支持我进班委？"清儿鼓起勇气，提出了心中的疑问。

"你是我的宝贝呀，姑妈相信你的能力，为什么不支持呢？"思雨反问道。

"我爸爸妈妈都不支持我进班委啊，他们说，我应该把心思都放在学习上，要是进了班委成绩更上不去了。"清儿有些烦恼地说。

"你爸爸妈妈说得也有道理，他们是怕你为了班级的事，把学习成绩给落下了，那是他们只看到了你的短处，没看到你的长处。"思雨拍拍她的头说道。

"知道了，姑妈，我要回家写申请了，拜拜。"思雨刚说完，清儿急忙往门外跑去。

当晚,清儿花了很久才把申请书写完。第二天,在老师的办公室里，清儿很郑重地交给了老师，老师先是一阵惊讶，仔细地看完这份独特的申请书后，由衷地笑了。

那天下午放学后，清儿再一次来到思雨家，她很欣喜地告诉思雨，班主任已经同意了她的申请，从明天开始，她要进班委了，虽然只是个卫生委员，但是，她已经很满足……

在成长的过程中，每个孩子都有着属于自己的梦想，即使这个梦想在成人的眼中很渺小，但对于孩子来说，追逐起来总会有些难度，这个难度就是我们所说的挫折。很多孩子在这些挫折面前，都会失去面对的勇气和信心，一次、二次，乃至多次之后，他们的人生将永远失去面对挫折的勇气和信心。这个时候他们需要的不是我们的搀扶，而是教会他们自己爬起来的信心与勇气。

作为家长，每当孩子遭遇挫折，在鼓励孩子的同时，也要和孩子共同分析，找出对策，做孩子人生路上的引导者、解惑者。

> 正如你是一个优秀的男孩子一样，相信你以后会遇到很多欣赏你的女孩子，对她们我们应该心存感激才对；同样，你也会遇到许多值得我们欣赏的女孩子，她们每个人身上都会有不同的优点。

41. 皮皮的"情书"（皮皮：初二）

孩子们写作业的时候，思雨一般不去打搅。

那是周六晚上，皮皮的房门半开半关着，思雨经过时，不经意地一瞥，看到他正趴在桌子上，满脸的沮丧和无奈，无意识地在一张纸上画着什么，桌子上还散落着一堆纸团。

咦？这小子，一个精力充沛的调皮鬼，要他静静地坐一会儿可是比登天还难，今天这是怎么了？思雨觉得有些奇怪，就走了过去。皮皮正在发呆，根本没注意到有人进来，思雨轻拍了他一下，轻声问道："怎么了，是身体不舒服，还是发生了什么事？需要我帮忙吗？"

皮皮一惊，本能地用双手捂住面前的纸，神情紧张，结结巴巴地说道："没，没有不舒服，也没发生什么事，我……姑妈，你看，我在写作业呀。"说着，皮皮手忙脚乱地掏出课本、作业本，盖在那张纸上面。

看着皮皮窘迫的小脸，思雨有些纳闷了：这孩子想要掩饰什么呢？

"皮皮，你刚才在写什么呢，能给姑妈看看吗？"

一听这话，皮皮不由自主地趴在书桌上，胖乎乎的小脸更红了，岔开话题说道："哎呀，姑妈，我没写什么，你快去忙吧，一会儿姑父回来要吃饭，我也饿啦，你快走吧！"说着说着，声音越来越急，最后站起身来，向外推着思雨。

皮皮的言谈和举止，再加上前一段时间患得患失的表现，思雨一下子想明白啦："喂，喂，别推，别推，我知道了，你不就是在写情书吗，有什么可害羞的？"她半开玩笑地小声喊道。

"你怎么知道？没，没写，没写。"皮皮停了手，愣了一下，不由自主地反问道。瞬间，皮皮意识到自己说漏嘴了，急忙用手捂住，再摇头否认。

"嗨，写情书就写情书呗，有什么大不了，告诉你，姑妈我想当年也收到过很多的情书呢，要是给姑妈看看，说不定还能给你指点一二。"思雨笑着轻描淡写地说道。

"姑妈，你上学的时候也收到情书了呀，是不是真的？"闻听此言，皮皮眼睛一亮，但还是怀疑地问道。

"那是，姑妈什么时候骗过你。"思雨满不在乎地点头承认。

"我知道姑妈不骗人，但你不反对我……"皮皮支支吾吾地看着思雨。

这么重大的一件事，但思雨的脸上明显地写着"也没什么了不起的"，难道真是小事一桩？带着些许疑问，皮皮的心慢慢地放下来了。

"你这个年龄段对异性产生好感是很正常的，这说明你的心理发展和生理发展是同步的、健康的。另外，有女孩子喜欢你，说明你是个很优秀的男孩子；你对女孩有好感，说明你是个懂得欣赏他人的人。"思雨一把揽住他的肩膀，很肯定地表示"一切都是正常的"，这真的是"小事一桩"。

"那您就看看呗，不过，千万不要告诉我爸妈，他们要是知道了，不把我骂死，也会把我唠叨死，唉，到那时候，我烦都烦死了！"皮皮拿起那张纸，递给了思雨。

这是一封没写完的"情书"，里面引用了大量的"情诗"，字迹工整，纸张干净，思雨感到很意外，她知道皮皮平时写字最没耐心，作业写得比较潦草，涂改的地方也比较多，家长和老师提醒了多少次，都没效果，这封"情书"居然写得这么认真，看来是下了不少工夫。几分钟后，纸又回到了皮皮的手里。

思雨惊奇地问道："你真棒，字迹工整，页面干净，写了这么多，几乎没有错别字，更棒的是，你居然会背这么多情诗，可真了不起，我记得，你平时可不喜欢背书了。"

"姑妈，那可不是我背下来的，都是在网上抄来的。"皮皮低着头，不好意思地小声嘀咕了一句。

"这情诗引用一首不够吗？为什么要写这么多？"思雨好奇地说道。

"我不是怕表达不全面吗，所以多抄了点。"皮皮扭扭捏捏地解释着。

"哦……那你知道这些情诗所表达的意思吗？"思雨紧接着问道。

"不太清楚是什么意思，情诗表达的肯定就是爱情了，不是吗？"皮皮抬起头来，不太了解思雨为什么会这样问。

思雨哭笑不得地指着其中一句说："倘若那个女孩问你，'两情若是久长时，又岂在朝朝暮暮'是什么意思，你怎么解释？"

"可不是吗，我怎么没想到啊？要真那样的话，丢人可就丢到家啦。"

皮皮拍了一下圆圆的大脑袋，恍然大悟地叫道。

"所以说，抄之前，你一定要弄明白这些句子的意思、出处、作者的背景，还有写作意图，这样才显得你有学识啊。"思雨慢慢引导着皮皮。

"对啊，这可是个好办法！姑妈，你告诉我，这一句是什么意思。"皮皮点头，指着"关关雎鸠，在河之洲。窈窕淑女，君子好逑"问道。

"这是《诗经·国风·周南》里的句子，它的意思是：'关关鸣叫的水鸟，栖居在河中沙洲。善良美丽的姑娘，是好男儿的最佳配偶'……"思雨刚解释完这一句，皮皮猛地抬起头，指着另外一些急急问道："姑妈，这个，还有这个，你都会吗？再给我讲讲吧，我想都学会！"

看到皮皮慢慢"上钩"了，思雨心里乐开了花。

"姑妈，这些我都会了，她再问我也不怕了！"完全弄明白了这些情诗以后，皮皮长舒一口气。

"你喜欢的那个女孩是不是很可爱？"思雨微笑着问道。

皮皮红着脸点了点头："姑妈，你怎么知道的？她真的是很可爱的女孩子，好多人都喜欢她！"

思雨认真地说道："这很简单啊，只有可爱的女孩，才会有很多人欣赏、很多人喜欢，正如你是一个很优秀的男孩子一样，相信你以后会遇到很多欣赏你的女孩子，对她们我们应该心存感激才对；同样，你也会遇到许多值得我们欣赏的女孩子，她们每个人身上都会有不同的优点。"

皮皮抬起头看了看思雨说道："姑妈，我明白你的意思了，但是我想知道怎样才能让那个女孩喜欢上我。"

思雨微微一笑，说："这也不难啊，一个人只有自身可爱，才值得别人去欣赏；一个学习不好、气质平平、能力一般的人，凭什么让别人欣赏呢？"

"姑妈，你告诉我，气质和能力，怎样才可以做到最好？"皮皮不假思索地脱口而出。

"你是学生，气质和能力都是在学习的基础上产生的，只要好好学习，就像你刚才写的情诗，我相信很多同学都不知道寻找出处、了解作者的背景。别人会的，你会了；别人不会的，你也会了，这就是能力啊。只有想方设法把学习成绩提上去，你才能越来越可爱，才能得到别人的欣赏；能力上去了，气质自然而然地就产生了。物以类聚、人以群分，慢慢地，你也就学会欣赏别人了。"思雨细心地解说着。

皮皮用心细细品味着，随后问道："姑妈，你的意思是，只要我学习成绩好了，她肯定会喜欢我的，对吧？"皮皮抬起头紧张地问道。

"优秀学生不应只是成绩优秀，更应注重提高道德修养、文明素质，这才是衡量一个学生是否是优秀的标准。言而总之，不要对自己失去信心，努力提升自己的道德水平和素质修养，总有一天，你会变成一个优秀学生！你说，她能不喜欢你吗？"思雨反问道。

"姑妈，我知道自己该怎么做了！"说着，他把桌子上的纸团，还有手中的"情书"，统统扔进了垃圾桶。

每个父母都是从青春期过来的，回忆一下自己的少男少女时代，就该知道，这个时期的朦胧情愫是多么地正常，既然孩子也到了这个年龄段，到了情感发育期，为什么不可以给予更多的理解和引导呢？

> 这让孩子原本"纯净"的心灵留下了"虚伪"的阴影，这样的"完美"、这样的"超越"，除了暴露自身价值的空虚之外，对于你和孩子而言还有什么益处呢？

42. "拼爹"的作业（老总的女儿：初三）

冰是思雨的侄女，暑假的时候，冰在一家公司里打工。这天，老总来电话让她去办公室一趟。原来，老总有个女儿读初三，和蚂蚱是同学，学校布置了一份表现家乡美的实践作业，可以写，可以画，也可以摄影。老总的女儿在 QQ 空间里，看到小蚂蚱已经做了很多，老师和好多同学对她的作品都留了言，好评如云。老总女儿心里一直不平衡，千方百计地想超过小蚂蚱，但是自己又做不出来，索性就摔东西、甩脸色直闹腾，老总爸爸实在是黔驴技穷，只好让冰来帮她完成作业。

"现在的老师真变态，布置这样的作业，大热天的这不是折腾孩子吗？"老总愤愤不平地说。

"我不管，我就要最好看、最漂亮的作业，一定要超过小蚂蚱！"

女孩蛮横无理地叫嚣着。

"好、好、好！让冰姐姐帮你做就是了，你就别闹腾了。"

就这样，冰把这份作业带回了家，并且，要在一周之内完成。刚进小区门口，就看到思雨一家嘻嘻哈哈地从车上下来，冰快步跑上去，和她们一起上楼。

"今年的暑假作业真有意思！"思雨摘下太阳帽和太阳镜，笑着对冰说，"好久没做户外运动了，正好借这次机会，权当和孩子一起采风去。"

甩掉凉鞋，赤着脚，来不及喝口水，蚂蚱就迫不及待地打开了相机，扬手招呼冰："冰姐姐，快来看啊，你看，这张是在码头拍的，好多鱼啊，就叫'鱼满仓'好不好？这只船，就叫'归来'吧？"

看着满脸通红、兴奋解说的蚂蚱，冰是越来越惊讶，她虽然知道蚂蚱喜欢拍照，但她无论如何也想不到，蚂蚱能拍出这么好的照片。

看着满脸不可置信的冰，蚂蚱得意地继续炫耀："这张'海鸥飞'是爸爸扛着我拍的……还有这张好看吧？拍了好几次啊，最后这张'撒网'是妈妈帮我取的景……"

吃过晚饭，兴奋不已的蚂蚱在蜻蜓和冰的指点下，自己动手做起报纸，然后把这些画面用简短文字记下来，变成一篇篇日志、小文，放在空间。蚂蚱对冰说："妈妈说，这样做既充实了自己，又娱乐了别人，何乐而不为呢？"

看着忙得津津有味的小蚂蚱，冰问思雨："姑妈，你对学校布置的这类作业有什么看法？"

正在按摩脚的思雨不假思索地笑着说："这份暑假作业挺不错，属于社会实践活动，我想学校的目的是强调亲子互动，想用这种方式让孩子走出家门，在父母的引导下加深对美的感悟与对生活的热爱。"

"你觉得家长们能体会到学校的良苦用心吗？"冰再次问道。

"这个不好说，最起码我体会到了，这一天我和你姑父陪着孩子玩了一整天，很久很久没这么开心了！"思雨看着老公笑嘻嘻地说。

"老婆，你们开心，可把我给累坏了，又当司机，又做保镖，还要帮你们拿吃的带喝的，能不累吗？我说蚂蚱，这可真是'拼爹'的作业！"蚂蚱爸爸苦笑着抱怨道。

"拼爹"的作业？这一形象的比喻，可把大家逗乐了。

冰心里一动，笑着说："我今天可真的遇到了一个'拼爹'的作业。"在大家好奇的眼神中，冰一五一十地讲了起来。

沉思了许久，蚂蚱爸爸说道："这原本让孩子用心去感受家乡纯美的'实践作业'，本来学校要求，拍摄、画画、写文，只做其一就可以了，但为了和蚂蚱比，她居然全部都要做，而且自己并不参与，我就奇怪了，她爸爸为什么会同意她这么做？"

思雨一听，乐了："哈哈，老公，这个女孩自己'不动手'却有'高要求'，这是典型的争强好胜、好逸恶劳、懒惰依赖心理，有这样的爸爸纵容着，孩子的价值观不扭曲才怪呢！"

听了思雨的话，蚂蚱爸爸点了点头："父母本来是孩子最重要的老师，这种重要性不在于父母教孩子多少知识，而是在于父母的言行对孩子潜移默化的影响。我觉得蚂蚱学校里的这种教育挺不错，也很前卫，可惜遇到了失败的家庭引导，这个女孩真可怜。"

思雨和蚂蚱兴趣盎然地整理着资料，蜻蜓和她爸爸在做着准备工作，冰看到自己帮不上忙，回到了自己的卧室，找到以前和思雨一家出游的那些照片、游记，认真地做起了"暑假作业"。

当老总女儿看到这份"一流的照片、一流的作文、一流的画面"时，高兴得又跳又笑。在老总的眼里，这份"暑假作业"也是"完美"的，看着开心不已的女儿，老总满眼宠爱地说道："我就说吧，冰姐姐是最棒的，这下你可满意了吧？"

"哼，这下我一定会超过小蚂蚱了，我的作业肯定是最棒的！"女孩信心满满地说。

"那当然了，我的女儿永远是最棒的！"看到神气十足的女孩和满眼慈爱的老总，冰不由自主地想起了思雨的话："你的老总这样做，是不对的！他在为孩子遮风挡雨的同时，也遮住了孩子成长时需要的阳光。因此，这份在别人的'帮扶'下完成的作业，不但扭曲了孩子的价值观、人生观、世界观，而且会导致家庭教育的失败，更会导致孩子人生的失败。"

"冰姐姐，你说，这次比赛我会超过小蚂蚱吧？"见冰不说话，女孩忍不住问道。

"其实，小蚂蚱并不在乎别人会不会超过她，她在乎的是创作过程中的那份快乐和满足！"冰静静地说道。

看到有些不解的老总，她接着说："您让我替孩子写作业，这让孩子原本'纯净'的心灵已留下了'虚伪'的阴影，这样的'完美'、这样的'超越'，除了暴露自身价值的空虚之外，对于你和孩子而言还有什么益处呢？"

> 儿童教育有自身的特殊性，不应该简单地把成人认识，生硬地套用在孩子们身上，也不应该把医疗思维和方法，运用在孩子的教育中。

43. "性教育"不是"性启蒙"（蚂蚱：初三）

晚饭后，思雨收拾完毕，进了书房，走到蚂蚱和蜻蜓中间坐下来，姐妹俩都在写作业。

"妈妈，下个周一，我们初三的全年级同学都要去听讲座。"看到妈妈打开电脑，又要写东西，蚂蚱说了这样一句话。

"什么课题？谁主讲？"思雨并没停下手，只是漫不经心地问了一句。

"关于青少年的性教育，爸爸医院里的余名叔叔主讲。"蚂蚱头也不抬地回了一句。

"也是爸爸医院里的大夫啊？"蜻蜓停下笔，转过头来问妹妹。

"怎么，这有什么不对吗？"蚂蚱也停下笔，转头看着姐姐，好奇地问道。

"妈妈，我还记得我初四的时候，我们的心理健康课讲座，学校里邀请的也是爸爸医院里的大夫。那时候，我们每人发了一张纸，上面列着要演讲的提纲。"蜻蜓没理会蚂蚱，而是面向思雨。

"我也有，你看。"蚂蚱也从课本里找出一张纸，递给蜻蜓。

思雨探过头和她一起看起来：一、两性生理差异及生殖说明；二、月经、手淫等性发育问题；三、怀孕的诊断方法以及避孕措施、人工流产等；四、同性恋、性心理障碍，以及网络色情、网恋等。

"这真是一种奇怪的现象，医疗界的人动不动就参与到教育界的工作中。"思雨粗略看完，若有所思地自言自语。

"可不是嘛，妈妈，我中考之前，好多同学觉得心理压力挺大，需要心理医生辅导，学校决定举办心理健康讲座，当时邀请的是爸爸医院里面的心理科医生；妹妹初三了，因为有学生早恋，学校需要进行青少年性教育，他们居然请来爸爸医院的泌尿生殖科的医生进行这样的讲座！"蜻蜓也觉得此举有欠妥当，忿忿地说道。

"哎呀，姐姐，你不懂，这叫双剑合璧，天下无敌。"蚂蚱快言快语地抢着说。

"蜻蜓，你觉得这种合作正常吗？"思雨一把拉过手舞足蹈的蚂蚱，把她抱在自己的怀里。

"妈妈，你是在支持还是反对医疗界和教育界合作？"蜻蜓白了一眼正在玩弄妈妈头发的妹妹，反问道。

"妈妈不反对，我个人认为儿童教育有自身的特殊性，不应该简单地把成人认识，生硬地套用在孩子们身上，也不应该把医疗思维和方法，运用在孩子教育中，这是非常荒谬的！"

"我虽然觉得这样的合作有欠妥当，但是没想明白问题到底出在哪里。妹妹，别闹，你把妈妈弄疼了！"蜻蜓一把拉过比思雨还高的蚂蚱说："你能不能坐下，好好听妈妈说话？"

看到蚂蚱心不甘情不愿的模样，思雨觉得又好气又好笑，问道："蚂蚱，老师为什么要主办这样的讲座？"

"老师说只有这样做，才可以避免我们的好奇心，防止早恋的发生。"蚂蚱嘟嘟囔囔地小声说。

"蜻蜓，你认为学校有必要这样做吗？"思雨问道。

蜻蜓把刚洗好的苹果递给妈妈一个，蚂蚱一个，蚂蚱立刻变得眉开眼笑。

"事实上，学生的好奇心并不像成人想象的那样大。再说了，像早恋、早孕的问题也是极个别的现象。"蜻蜓看了思雨一眼，接着说，"就像上次我们谈过浩然的事时已经讲过，根本原因不是他们对性知识了解的多少问题，而是因为精神空虚、道德情感发育不良，缺少自爱及爱人之心。"

"姐姐，你说得不对！我们老师说过，那些学生是因为懂得太少，才出了问题！"蚂蚱不服气地反驳道。

"蚂蚱，你听我说，那些出了问题的孩子，不是因为他们比一般孩子懂得少，恰恰相反，他们从电脑上、手机上获得了很多的性知识，他们的兴趣被提前唤醒了；再加上缺少正确的引导和理性的自我约束力，对自己、对他人、对社会没有责任感，不计后果地放纵了自己，才会发生这类问题。"

"妈妈，你说得好像有道理。"蚂蚱忽闪着大眼睛点头认同。

"所以我担心，听这样的讲座，能不能收到预期的效果，还是个问题。"思雨有些担忧地皱了皱眉头。

"对啊，弄不好，可能会适得其反。"蜻蜓也是一声叹息。

"妈妈，老姐，你们为什么会有这种担心？听讲座是件好事呀，老师说了，与其遮遮掩掩，不如就把一切毫无保留地告诉我们，使我们不再对此有疑问，然后就不再有好奇心了。"蚂蚱看看妈妈，再看看姐姐，好心好意地解释道。

"妈妈，我明白了，你的意思是学校里的这种做法以及大夫的这种讲解，是把'性教育'变成了'性启蒙'，对吧？"蜻蜓一拍桌子，恍然大悟地叫起来。

"是，学校本是好意，想通过这个讲座，让孩子学会用理性慎重对待性，但他们没意识到，这个方法的弊端，是提早开启了他们的好奇心，很可能导致兴趣提早被唤醒。就怕到时候这个'讲座'促成的，不是他们对诱惑的拒绝，而是对诱惑的追逐呢！"

"妈妈，倘若如此，后果真是不堪设想！"蜻蜓的心里有些忐忑不安，"妈妈，你觉得性教育的重点应该是什么？"见妈妈不再说话，蜻蜓沉思片刻，又问道。

"就是我们以前讨论过的世界观和爱情观的教育啊！"思雨说完，站起身来，活动了一下筋骨。

"譬如说？"蜻蜓也跟着站起来，接着问。

"从小到大，我就有意识地引导你和妹妹树立正确的世界观，培养你们自尊、自爱的意识，使你们养成善良、坦诚、阳光、豁达、勤劳、善解人意的品行……"

"妈妈，你这样做的最终目的，是想让我和姐姐成为一个什么样的人呀？"蚂蚱淘气地趴在思雨的背上问道。

"哎呀，妹妹，你真不知道，还是假不知道？妈妈这样教育我们，当然想使我们成为一个生理、心理两方面都健康和谐发展的人。"

"对呀，所有这一切，都是为你们真正进入成人阶段做准备。你们将来成为怎样一个人，将会以怎样的心态去和异性相处，基本上都是这一阶段的教育决定的。"思雨接着解释道。

"妈妈，那我们长大以后呢？你怎么再教育我们？"蚂蚱再次笑嘻嘻地追问道。

"你姐姐已长大了，今年读高三，明年就读大学了，必要的时候，我和她可以直接谈论两性、谈论爱情，更重要的是，我和爸爸会给你们以身作则！"

"妈妈，你的意思是不是，不仅要在意识上引导我们树立正确的、健康的爱情观，而且也和爸爸身体力行，为我们做出榜样，对吧？"蚂蚱若有所悟地接过话题。

"对啊，就是这意思，哎哟，蚂蚱，你怎么一下子长大啦？！"思雨忍不住夸奖起来。

"妈妈，听这话，看来妹妹是长大了。"蜻蜓笑着说。

"我是谁呀，我是大名鼎鼎的小蚂蚱呀，这点道理要是不懂的话，岂不是亏了我天才美少女的一世英名！"蚂蚱洋洋得意地吹嘘起来。

"是啊，只有这样做，你们才可以从父母身上感知到美满的男女关系，才会对两性相处有信心，才能以健康的心态去寻找自己的美好爱情，找到美好的婚姻，找到一生的幸福。"思雨敲了蚂蚱一记，又把话题转回来。

"妈妈，你的性教育和这张纸上真的不一样啊！倘若他们真的把'性教育'变成'性启蒙'，那可就糟了，不知道会让多少孩子受害，妈妈，那可怎么办啊？"蚂蚱又拿起那张纸，越想越怕，忍不住惊呼起来。

"妈妈，你抽时间和老师沟通一下，最好找个两全其美的办法，把这个讲座做得名副其实，不留遗憾，怎么样？"小大人般的蜻蜓，以商量的口吻给思雨提了这样一个建议。

"那可太好了,姐姐,这下子妈妈就变成了'劝说公输班的墨子'。"蚂蚱情不自禁地连声叫道。

"妈妈,责任重于泰山啊。"看到思雨没有反对,蜻蜓也忍不住打趣道。

"好吧,我去打电话,你们继续写作业。"思雨看了一眼"阴谋"得逞、捂嘴窃笑的两个孩子,摇了摇头,无奈地走出了房间。

> 老师无意中所犯的一些小失误，日积月累，会慢慢形成一个严重困扰学生的大问题，给学生带来一些不必要的影响，甚至会让他们产生抵触情绪。不是老师的爱心不够，只是他们不知道，有些方法不对。

44. 蜻蜓偏科（蜻蜓：初三）

升入初三又重新分了班，所有的任课老师都换了，对于蜻蜓来说，其他老师的教学方法很快就适应了，唯独对于英语老师的教学方法和语言方式接受不了，回家说了好几次，思雨都没太在意。

这天，思雨去开家长会，终于见到了蜻蜓口中的几位新老师：英语老师是位三十来岁的女性，个子不高，有点胖，说话很直板，一脸严肃，一看就是个严谨的人；数学老师是蜻蜓的班主任，是位四十多岁的中年女性，出身于军人家庭，说话简洁、明了，穿着虽然普通，但却十分整洁；语文老师是一位优雅的知性女人，举止言谈高贵大气，看不出具体年纪，同时也是蜻蜓崇拜的偶像。

会毕，班主任的一句话留住了思雨："蜻蜓的家长，请稍等一下，蜻蜓的英语成绩不理想，英语老师想找你谈谈。"

　　思雨一怔，蜻蜓的英语一直很优秀，怎么会突然成绩下滑呢？带着满心的疑问，她来到了英语老师的办公室。英语老师说："蜻蜓这段时间，上课不认真听讲，作业也没有以前那么认真了，回答问题也不再主动，几次测验，成绩老是不稳定。这次考完试，又下降了几个名次，找她谈了几次话，她总是心不在焉，特别是昨天，不论我怎么问，就是一言不发，我实在是没有办法，想找您了解一下这孩子是怎么了？"

　　带着满腹的疑惑和不解，思雨回到了家，当天晚上，就这个问题，思雨和蜻蜓交流了一下自己的看法："妈妈，你看到我的语文老师了吧？那才叫优雅，举止言谈得体，气质高贵，学识渊博，字体优美大气，全班同学都喜欢语文老师！"

　　"是很不错啊，妈妈也喜欢啊。"思雨回答道。

　　"你看看我的班主任，像个女军人，雷厉风行，老师往那里一站，连别班的男同学都怕她，很威风；还有我们班里的数学，一直是年级第一。"蜻蜓感叹道。

　　"你再看我的英语老师，一脸严肃，好像谁都欠她似的；还有，总是唠唠叨叨个没完没了，我们同学都讨厌她，我还是喜欢以前的那个英语老师。"蜻蜓嘟着嘴说道。

　　"宝贝呀，一个人的气质和习惯跟生活的环境有很大的关系，语文老师的爸爸妈妈是大学教授，她从小生长在书香世家，接触的人群又大都是知识分子，从小耳濡目染，久而久之，自然就养成了优雅的气质；你的数学老师是军人家庭，她的爸爸妈妈一直都是按照军人标准从小教育她，接触的又都是军人，作风严谨，雷厉风行，言出必行，自然也就有了军人的气质；再说你的英语老师，她的爸爸妈妈都是普通农民，而她却通过自己的努力考到研究生学历，这多了不起呀！"思雨对孩子说出了自己的看法。

"可我真的不喜欢她啊，老是板个脸。"蜻蜓说道。

思雨一听，脸上一紧，严肃地说道："蜻蜓，首先你要明白，你上学是为了什么？"

看了妈妈一眼，她低着头小声回答："学习知识呀。"

"那你是给谁学的？"思雨接着问。

"给我自己学的。"蜻蜓还是不抬头，小声回答。

"我看你不像给自己学的，刚刚不是说不喜欢吗？不喜欢就不好好学。"思雨翘着嘴说道。

"妈……"蜻蜓无语了。

思雨脸色缓了缓说道："学习就是通过老师或体验而获得知识、技术、态度或价值的过程，不是喜欢就学，不喜欢就不学，你的英语老师可能教学有点枯燥乏味，英语本就是要死记硬背的，老师唠唠叨叨，就是怕你们记不住，唠叨几句你们就受不了了，就不好好学了？你想想最终会害了谁。"

思雨看着低头不语的蜻蜓，接着说道，"今天你们英语老师对我说，让我回家问问你是不是有什么心事，为什么现在上课老是没什么精神。你看看老师多关心你。"

"妈妈，其实也没什么事，我就是不喜欢英语老师才不学的。现在我知道自己错了，以后不这样就是了。"蜻蜓眼睛微红，抬起头对思雨说道。

思雨摸着蜻蜓的头说道："妈妈也知道你现在有了自己的喜好，对自己崇拜的人，就会去不经意地模仿；自己不喜欢的人，就排斥。妈妈也有自己崇拜的人，曾经也去模仿过她的说话方式、她的动作，但是你看妈妈现在，还是要做自己。每个人都有自己的个性，你想呀，要是地球上所有人的性格、动作都一样的话，那还不是要乱套了，谁来做总统，谁去做工人？多可怕呀。"

蜻蜓"扑哧"一下笑道："我知道了，妈妈，我要把老师们的'知识、技术、态度或价值'全都学到，然后融合成自己的东西，这样我将来也就有自己的个性了，对吧？"

看到眉开眼笑、恢复了往日神采的蜻蜓，思雨忍不住打趣道："那当然，我的女儿可是独一无二的。"

这件事，让思雨明白了一个道理：老师无意中所犯的一些小失误，日积月累，会慢慢形成一个严重困扰学生的大问题，给学生带来一些不必要的影响，甚至会让他们产生抵触的情绪。不是老师的爱心不够，只是他们不知道，有些方法不对。

> 不要伤心，也不要沮丧，你现在就像鸟儿一样，只不过是翅膀刚停下，不久后会再次扇动翅膀，下次你就会飞得更高更远。

45. 轻松陪伴孩子成长（龙龙：初三）

龙龙是蚂蚱叔叔家的孩子，身体壮壮的，个子高高的，和他爸爸振国一样。同样，这小子也完全遗传了他爸爸的运动基因，从小就活泼好动，所以从上小学到现在，体育成绩都非常优秀，尤其是篮球，那叫一个棒。

起初，龙龙的爸爸妈妈工作不稳定，不方便带孩子，龙龙一岁起就开始在奶奶家和姥姥家轮流生活，只是偶尔和爸爸妈妈小聚一段时间，直到升入初中，他的爸爸妈妈才把家安顿下来。

这时候，振国才发现龙龙的学习成绩并不好，在他的印象中，龙龙可是个聪明、懂事的孩子，不可能就考这么点分数啊。以前只要有机会，每次回家他都是尽量多陪陪孩子和父母，对于龙龙的学习成绩，有时偶尔问问，龙龙也总是说还行。因为振国的文化程度不高，所以在他的心中，只有好好学习，考上好大学，长大了才会有出息，对于龙龙这样的成绩，振国除了生气，更多的是着急。

从那以后，龙龙的学习成绩一直是振国的心病。

蚂蚱和龙龙都是初四的学生，中考前的一次家长会，思雨和振国都来了。会议结束后，满腹心事的振国自然而然地向思雨聊起了孩子的学习："蚂蚱的学习成绩一直很优秀，中考肯定没问题，而龙龙的学习成绩可就有点悬了，高不成，低不就，要是努努力，可以考上普通高中，可是一旦疏忽大意……就这样，老师不但不劝说龙龙，而且还安慰我，说什么龙龙特别擅长打篮球，多次参加省里的篮球比赛，取得过很好的成绩，被省体校看好，学校可以保送……"

听到这里，思雨问道："你没问问龙龙和老师的意见？"

不提老师还好，一提老师，振国可是满肚子的不满："嫂子，你说这孩子小、不懂事也就罢了，连老师也跟着瞎掺和，这孩子上体校有什么出息？打打篮球将来就能有出息？他要是能像姚明那样，那我支持，可是他能吗？"

思雨白了振国一眼，说："你先别管其他的，先说说龙龙愿意去吗？"

振国看了看思雨，没好气地回答："那还用说吗？那小子整天就知道打篮球，都没心思学习，一听可以保送去体校，美得要命，现在整天盼着呢！"

"那不就得了，是他上学，又不是你上学，他愿意不就行了。"思雨马上说道。见振国没说话，又问道，"知道《种树郭橐驼》的故事吗？"

听到思雨这牛头不对马嘴的问题，振国迷糊了一下，然后莫名其妙地回答："你说的什么东西呀，没听过……"

思雨没等振国说完，继续说："古时候，有个姓郭的人。他患有佝偻病，耸着背脊，弯着腰，脸朝下走路，就像骆驼一样，所以乡里人给他取了个外号叫'驼'。他听到后说'很好啊'。就这样叫的人越来越多，于是他索性放弃了原来的名字，也自称起'橐驼'来。

"他的家乡叫丰乐乡，在长安城西边。郭橐驼以种树为职业，凡是长安城里种植花草或是种植果树的，都争抢着雇佣他到自家帮忙管理花园或果园。因为大家都看到橐驼管理的花草树木，不但移植后都成活了，而且长得高大茂盛，结出的果实又大又多。而别的种树人即使模仿，也比不上他。

"有人问他种树的诀窍，他回答说：'我郭橐驼并不是有什么特别的本事能使花草树木活得久、生长快，只是能顺应花草树木的天性，来让它的本性尽量发展罢了。'"

振国正聚精会神地听着，见思雨不说了，忙说道："然后呢？"

思雨看了看振国说："听不懂？自己不会想呀。"说完转身离去。

望着越行越远的思雨，振国一阵寻思——郭橐驼？种树？什么意思？

中考失利后，龙龙来到思雨家小住几天。因为离海边很近，龙龙几乎每天都会去海边散心。思雨看着坐在岩石上，闷闷不乐的龙龙，暗自摇了摇头，便走了过去，坐到龙龙的斜对面说道："龙龙，二妈告诉你我小时候的一个故事吧。"

龙龙不解地转过头看了看思雨，等待思雨继续……

思雨看着海面上那波澜不平的海浪，许久她的声音伴随着海浪传了过来："二妈很少谈起自己的过去，你们看二妈现在很幸福吧？！有两个聪明懂事的女儿，一个爱自己的老公，经济上也足够富裕，最重要的是有一个和睦的大家庭，这样的人生应该算是成功的吧！可是，龙龙，你知道吗？我现在拥有的幸福都是历经磨难得来的。"

龙龙安静地坐在岩石上，用心听着思雨的故事。

"二妈小时候家里好穷好穷，真的好穷。我奶奶和爸爸都是乡里数一数二的好大夫，可是因为家里穷，开不起自己的诊所，所以奶奶只能去公立医院帮忙，爸爸则去给人家采药草，你不知道采药草有多么辛苦，有多么危险，不但要起早贪黑，而且还要翻山越岭。爸爸人很好，不论对家庭，还是工作都非常有责任感。当时爸爸很年轻，有野心，也有抱负，但是……应该说是运气不好吧，所以经常借酒发泄。

"记得我刚记事的时候，差不多有五六岁。一连数天的阴雨连绵，加上我那时体质非常差，连续不断地咳嗽后，持续低烧不止，病得非常重，那感觉就好像快要死了一样。当时爸爸疯了似的跑上山采药，冒着雨水一连采了3天的药草。为此，爸爸摔断了鼻梁，全身多处擦伤，最后爸爸小心翼翼地把热腾腾的药汤捧到我的面前，而不懂事的我，怕药苦，死也不肯吃，甩手把药汤推洒了一地。

"你无法想象，爸爸整个人顿时感觉陌生了好多，他像是发泄似的喝光了两瓶白酒，把自己灌得大醉，然后他把我从床上拎起来，摔在地下，用他粗壮的大脚不断地踢我，哭骂着说：'既然你不吃药想死，好……我成全你。'而妈妈哭着不停地拉扯着爸爸的衣服，试图阻止，但瘦弱的妈妈根本阻止不了那只大脚，而躺在地上的我，也几乎快没有知觉了。

"就在这时候，本来应该在诊所里忙着的奶奶不知道怎么回来了，最后是奶奶把我从父亲的脚下救了出来，随即把我抱到诊所。说也奇怪，因为这顿挨打，我的病居然就这样好了。从此以后，奶奶常对我说，我的命是她救下来的。奶奶一生没有上过学，但是念过很多书，她总是会对我说'人啊！最好的老师就是生活'。

"从此以后，我一直跟着奶奶生活，奶奶的家就像是我生命中的避风港。17岁那年，我高考发挥失利。对于我来说，这是很重的打击——痛苦、难过、迷茫，不知不觉中回到了奶奶的家。奶奶知道我高考失败了，没说什么，只是笑着对我说：'小雨呀，你到院子里看看天空的小鸟是怎么飞的。'我擦擦眼泪，虽然不知道奶奶为什么要我看鸟儿是怎么飞的，但还是很听话地来到院子中，抬头看向天空的鸟儿。虽然从小就知道鸟儿能在天空飞，但从来没有注意它是怎么飞的。看着天空自由飞翔的鸟儿，我对身边的奶奶说：'它们是扇动翅膀飞翔的。'

"奶奶笑着点点头，指着天空飞翔的鸟儿说：'它们每扇动一次翅膀，就是一次起伏，而每一次起伏，都会使它们飞得更远。我们的人生就好像天空中的鸟儿一样，只有不停地经历挫折，才能走得更远。'

"奶奶拍着我的肩膀，笑着继续说：'不要伤心，也不要沮丧，你现在就像那鸟儿一样，只不过是翅膀刚停下，不久后会再次扇动翅膀，下次你就会飞得更高更远。'"

思雨讲到这里停了下来，看到在海天的深处，也有几只海鸥在飞翔，她静静地、静静地看着，许久才收回了思绪，轻轻地接着说："我的一生受奶奶的影响很深。每当我在人生的路上跌倒时、每当我遇到挫折时，我就想起奶奶的话，'要不停地扇动自己的翅膀'。第二年的复读、刚参加工作时的碰壁、下岗、再就业，等等我不会再被这些挫折打倒，因为我知道，我的翅膀还能扇动，我还能飞得更高更远。"

思雨缓了缓情绪，继续说道："10年前，奶奶去世了。她走得很安详，我赶去送殡，所有亲友里，我对她的感情最深最特殊。虽然很伤心，但是，在送奶奶的路上我没有掉一滴眼泪。因为，我始终记得奶奶以前对我说的话：'小雨啊，要是我死了的话，我可不想看到你们一个个都哭丧着脸，你看那树上的叶子，由发芽到青翠、到枯黄、到落叶，那就是叶子的一生；你再看天空的雨水，生于天，降于地，虽然短暂，那也是雨的一生。人也是一样，生老病死，人之常情，所以没必要太伤心。'"

思雨的目光看向龙龙，接着说："龙龙，这就是我的故事。"

"二妈，你是不是想要告诉我，我也会飞得更高更远，是吗？"龙龙原本无助的眼神，这时候竟然充满了光彩。

"你这么年轻，人生的道路才刚刚起步，你的翅膀很有力，一定可以飞得更高更远。"思雨看着龙龙的眼睛说。

龙龙从思雨的眼睛里看到了鼓励和信心，忽然间，心中多少天的委屈一下子全部消散了。龙龙张了张嘴，想说些什么，但是却不知道该说些什么，只好挠了挠头，笑了。

思雨用手轻轻拍拍他的后背，认真地说："你有什么打算，是否想复读？"

龙龙顿了顿，摇了摇头。

"想去体校？"思雨问。

龙龙点了点头，肯定地说："二妈，我实在是不想复读，我自己知道，我和蚂蚱不一样，我不是读书的那块材料。既然我被体校看中，我想把握这次机会，我想尽自己最大的努力去打球，我想在CBA打球，我想在世界一流的NBA打球，我想用尽全身的力气去扇动一次翅膀。"龙龙说得有点激动，全身都在微微颤抖。

"既然你不想读高中，为什么还要去复读？"思雨把手放在龙龙肩上柔声问道。

"爸爸妈妈对我的期望很大，我不想让他们失望！"他低声叹息着。

"好了，二妈明白了，我会去说服你爸妈的。走吧，回家了，今晚要弄些什么好吃的呢？"思雨站起来拍拍衣衫说。

过了几天，振国和龙龙进行了一次谈话。

"这几天，你二妈找我和你妈妈谈了好几次话。"振国开门见山地和龙龙说。见龙龙没有说话，振国继续说，"你二妈说你想去上体校，让我尊重你的意见。我同意了。"

"哦？"龙龙睁大了眼睛，仿佛不敢相信固执的父亲居然改变了主意。

"哦，什么哦呀。"振国拍了一下龙龙的头。

龙龙这时才反应过来，随后高兴地跳了起来，手舞足蹈的。

振国看着眼前的儿子，心里有些惭愧，原来自己的一个决定，对孩子的影响那么大，比起勉强儿子，不如让他自己选择。中国不是有句老话，叫做"儿孙自有儿孙福"吗？何必勉强自己，又为难孩子呢！

龙龙跳了一会儿，忙跑过来拿起一根烟给振国点上，然后献媚一样地说："二妈是怎么说的？你就同意我去体校的。"

"你二妈给我讲了一个《种树郭橐驼》的故事。"振国看着笑嘻嘻的儿子说。

"那是个什么东东？这么神奇，你也给我讲讲。"龙龙好奇地问。

振国白了儿子一眼说："百度去。"

"不说就不说，一会儿我自己百度去。"说完，拿起手机拨通了思雨的号码，龙龙兴奋地对着电话说："二妈，我不用复读，我可以去体校了。二妈你真厉害，我爸妈那么倔的人，你都说服了……"

振国深靠在椅子中，看着龙龙眉飞色舞地对着电话诉说，想起这几天思雨对他说的几句话："每棵树都有自己的生长方式，要想把树种好，就要放开让树自由地生长。现在的龙龙就是你种的'树'，他已经找到了生长的方向，你又何必逆向呢？

"最后我只问你三个问题：第一，你是否真正了解自己的儿子，他想要什么，不想要什么？第二，你让他上不喜欢的高中，真的是为了他好，还是为了你自己的面子？第三，你是否可以站在孩子的立场换位思考？"

> 你说得很对，身为女孩子，自尊自爱不但是对他人负责，更是对自己负责。

46. 早开的花（小宁：初三）

一大早，思雨听见隔壁饭店的老板娘又在打孩子。思雨叹了一口气，摇摇头。

蜻蜓小声问："妈妈，你听！小宁好像在喊疼，是不是阿姨知道她和她表哥的事了？"

思雨看了看四周，对着蜻蜓竖起食指，小声地"嘘"了一声："这是他们的隐私，你知道就行了，不要对外人讲。"

"妈妈，我们班的同学都不喜欢她，她为了和技校的几个同学玩，经常逃课。你说，她为什么会是这样的孩子？"蜻蜓不解地问。

思雨看着蜻蜓，认真地说："这和她的家庭教育有关系，她的错不全是因为她自己，她的父母有很大责任。你不要瞧不起她，如果别的同学歧视她、说她坏话，你还要制止，不要把她当成坏孩子。只有大家对她一视同仁，她将来才能做个正常人。"见陆陆续续来了病人，思雨和蜻蜓不再交谈。

忽然，一阵"噼噼啪啪"的响声过后，传来一声凄厉的惨叫，蜻蜓被吓得躲进思雨的怀里直哆嗦。

思雨揽着蜻蜓正在发愣，浓妆艳抹的老板娘一下子闯了进来，眼睛里充满了恐惧。对着思雨急促地喊道："快！快！鲁大夫，你快去看看！我家小宁怎么啦？是不是死啦？"

思雨放开蜻蜓，三步并作两步冲进她家。房间里，桌子翻了，凳子倒了，盘子碎了，一片狼藉，小宁直挺挺地躺在地上。

思雨二话没说，抱起小宁就回到自己的诊所，惊恐万分的蜻蜓跟在思雨身后团团转……

刚挂上吊瓶，小宁就醒过来了。

老板娘看见女儿醒了，这才回过神来，连哭带叫地数落着："你整天不写作业，不看书，这样你能考上大学吗？你看你的头发像什么？学校三令五申，不许烫发、染发，你就是不听，你好好照照镜子，看看你自己，还有个学生样吗？一出去就是一整天，不到天黑不回来，这样的状态，你能集中精力学习吗？你准备做坏孩子是不是？"

小宁瞪着一对大眼睛，呆呆地望着妈妈。

"你出去玩玩也就罢了，就这一个假期的工夫，还学会了唱歌、跳舞、打架！这样也就罢了，你居然和你那个混蛋表哥……你气死我了，我没想到那小子居然色胆包天，我真是瞎了眼，我这不是引狼入室吗？你……"老板娘气得浑身发抖。

"我也是一个不争气的混蛋！是吧？"小宁骤然爆发了。她直视着老板娘，叫道，"表哥是混蛋？可就是这个混蛋，我寂寞了他陪我玩，我不舒服了照顾我，我难过了安慰我，我受人欺负了他心疼我！你和爸爸都'好'，从小到大，我每天除了学习就是发呆，天天盼着门响，盼着你们能回家陪我。一个人过了这么多年，我早就受够了，我还不如一个孤儿，孤儿起码从小就知道自己没有爸爸妈妈，我呢？我有爸爸妈妈，却一天到晚不见人影……你们都忙，爸爸忙着打麻将、喝酒、陪情人；你忙着上网、聊天、泡歌厅，我只能要我的混蛋表哥！我离不开他，我喜欢他，怎么样？总比一天到晚看着课本，守着电脑，空等你们好些吧？你们一点都不在乎我，也不关心我……"

老板娘怔住了，她呆呆地望着小宁，结结巴巴地说："可是，我——我并没有忽略你呀，我爱你，重视你，我给了你很多钱，你想买什么就买什么，给你一切你需要的东西……"

"需要的东西？"小宁垂下眼皮，声音哽咽了，"你根本不知道我需要什么东西！"

"那么，你需要什么呢？"老板娘有气无力地问道。

小宁忍住泪水，声音一阵高过一阵："我需要一个真正的家，有爸爸、有妈妈的家，而不是一个空空的大房子。我想过蜻蜓和思雨阿姨那样的生活！她们家没有多少钱，但是她们家有开心和快乐！"

像是挨了迎头一棒，老板娘霎时变了脸。小宁在喊出了这几句话之后，眼泪瞬间滚落，不再言语。

"我看孩子有些累了，让她休息一会儿吧。我们一起去办公室聊一会儿，好吗？"思雨试探着问道。老板娘点了点头。

蜻蜓还在目瞪口呆地看着、听着，眼睛里充满恐惧。她从没见过这样交流的母女，也从没经历过这样的场面。思雨拍了她一下，笑着交代道："蜻蜓，你照看一下小宁，我和阿姨聊一会儿。"

走出病房，老板娘向思雨抱怨："大夫，你说我怎么养了这么个不省心的女儿,我该怎么办?"

　　看着束手无策的老板娘,思雨耐着性子对她说:"女孩子大了,有许多事情,是需要母亲对她说的,这不是其他人可以代替的!如果你能时常陪她,时常和她沟通,她一定会是个乖孩子,知道什么该做,什么不该做,她之所以变成这样,是因为从来没有人教过她!"

　　见老板娘默不作声,思雨接着说:"你不能再像以前那样打骂孩子了,她已经长大了,这样太伤她的自尊心了。她之所以……"思雨看了一眼老板娘,咽下了已经到了嘴边的——"过早地出现性行为"这几个字,略一沉思,换了一个说法,"她之所以出现早恋,是因为她在家里得不到温暖,精神太空虚,导致缺少自爱以及爱人的能力。"

　　吊瓶打完了,小宁也跟着老板娘回去了。蜻蜓对思雨说:"妈妈,刚才我和小宁聊过,她居然对自己'婚前做了婚后的事',没有一点羞耻感,我就奇怪了,她没有自尊吗?"

　　思雨考虑了一下,对蜻蜓说:"她从小生活的环境复杂,不良的生活习惯本来就比一般人多,再加上她父母时常在公共场所打骂她,她的自尊也就慢慢地消失了。这种缺少管教的孩子,因为缺少自我约束力,才会不计后果地放纵自己。因此,缺少羞耻感,也就不足以为怪了。"

　　"对啊,像她这样的行为就是缺少自尊,不自爱的表现。"

　　"你说得很对,身为女孩子,自尊自爱不但是对他人负责,更是对自己负责。"

> 生活就是这样，当你处在人生的雨季中时，如果没有早点终结阴雨的淋漓之苦，那么就要饱受雨水的侵袭；而当你想要摆脱时，你就会发现，那个雨季并不长，只是在你的一念之间。

47. 走出人生的雨季（冰儿：初三）

那年夏天，是个多雨的季节，冰的生命里悲痛交加。

冰的爸爸下夜班回家，刚出公司不久，就被迎面来的车给撞了，因为是凌晨，路上行人稀少，没良心的司机当时就逃逸了，所以错过了最佳抢救时机，导致失血过多，爸爸当晚就离开了她和妈妈，还有3岁的妹妹。那时路边没有监控，找不到逃逸司机，弄得想打官司都找不到被告。爸爸没有上保险，自然也就没有得到赔偿金。

那年，在学校里品学兼优的冰才读初一，妹妹还没上学，失去了爸爸，就等于失去了家里的顶梁柱。仅靠着妈妈微薄的收入，日子一天不如一天，好不容易念到了初三，家里已徒留四壁了。面对多病的妈妈、年幼的妹妹，冰只能无可奈何地选择了离开学校，到附近的一家工厂打工，因为年纪太小，工厂签不了合同，只能按临时工算，靠着一点微薄的工资帮着妈妈维持家用。班主任舍不得冰退学，可是无论如何也不能再劝她重返校园。

日子就这样平淡地过着，冰也不敢再有太多的奢望，只盼着能把妈妈的病治好，把妹妹送到学校接受教育。但这谈何容易，即使她每天工作，也难以支付这些费用。以前爸爸在的时候，她从不用为生计发愁。现在她明白养家糊口是一件多么不容易的事了，眼前的困境使她有了一丝躁动。但残酷的现实生活告诉她，怎么也不能丢掉眼前的这份工作……

晦涩的日子因一个偶然的机会有了希望，那是一个雨天的傍晚，冰的妈妈因为天黑路滑，不慎摔了一跤，股骨骨折，惊吓不已的冰立刻拨打120，把妈妈送到了医院，却无力支付医药费。医院不肯收留，无奈之下，冰只能厚着脸皮去求外科的黄主任，她是姑妈思雨的同学。看到心力交瘁的冰，黄主任满心的不舍，点头答应想想办法。

筹不到钱，妈妈怎么办？太多的委屈，太多的压力，使得冰万念俱灰。倾盆大雨淋在她身上，冷得刺骨，她却没有一丝一毫的躲避，她把雨看成了自己人生的困境，那是逃避不了的。恍惚中，她听到了思雨把奶奶和爷爷送上救护车时，对她说的那句话："坚强点，孩子，照顾好妈妈和妹妹，一切都会好起来的，相信我！"突然，雨点不再打在身上，她疑惑地抬起了头，"天空"却是一顶深蓝色的伞，接下来她好像听到了一种久违的声音："出门不带伞？为什么不跑？照顾不好自己，怎么能去照顾好别人？"

是思雨，是姑妈！来不及转念，冰的泪水就止不住地流了下来，一下子扑到她的怀里，呜咽着叫道："姑妈，姑妈，呜呜呜……"

思雨用另一只手揽着冰的头，轻声说道："傻孩子，为什么要出来淋雨呢？"

冰摇了摇头，思雨仰起头，看了看天空，漫不经心地说道："这种天气出门，有两种选择，第一种，是有伞的可以打伞，有车的可以开车；第二种，是没车没伞的，可以选择快跑。快跑不是可以早点免受淋雨之苦吗？"

冰摇了摇头，却又一想，是啊！没有伞、没有车，为什么不跑？很有寓意的一句话，深深地震撼了她：没有了爸爸的庇护，在人生的道路上，我只能任由命运的摆布吗？儿时的理想就只能留在梦中吗？

两个人雨中同行时，思雨告诉冰，她是接到了黄主任的电话之后，才知道了冰和妈妈的处境，来接她们回自己的诊所的。

冰默默地接过思雨手里的伞，撑在自己和思雨的头上。

雨声中，思雨平静地告诉她：当年自己的爸爸去世后，爷爷和奶奶不能接受这突如其来的打击，一个突发脑溢血，一个得了心脏病，同时住了院，那边的婆妈也查出了患有癌症，庞大的医疗费用让她当时就绝望了，能借的都借遍了，也还是杯水车薪。最后，无计可施的她只能卖掉自己经营多年、生意红火，并且是家人赖以生存的诊所。

两年过去了，钱花光了，婆妈去世后，公爹再婚，奶奶的心脏搭桥也很成功，爷爷的病情得到了有效控制，自己则租了一个门面房，重操旧业，相信不久的将来，自己还会重新拥有自己的诊所。

一切都似乎是命中注定，却又不尽然。受思雨那番话的启发，冰决定接受她的建议，带着妈妈和妹妹住进了思雨家。在思雨的调理下，妈妈的身体日见好转，之后就在诊所里帮忙打扫卫生。妹妹也上学了，没有了后顾之忧的冰毅然返回学校，因为儿时的梦想一直牵动着她的心。3年后，冰终于如愿以偿地接到了心仪已久的大学通知书。

生活就是这样，当你处在人生的雨季时，如果没有早点终结阴雨的淋漓之苦，那么就要饱受雨水的侵袭；而当你想要摆脱时，你就会发现，那个雨季并不长，只是在你的一念之间。

> 几乎没有哪个孩子会喜欢被打骂、被挖苦、被嘲弄，他们需要的是被理解、被认可、被引导，还有适合他们的学习方法，这样他才能享受到成功的体验。

48. 当孩子成绩下滑的时候（蜻蜓：中考前夕）

中考进入倒计时，学校通知家长们无论如何都要到校开家长会。

会议结束后，班主任王老师把思雨留下，思雨这才知道，近期蜻蜓表现得有些反常：上课注意力不集中，爱打瞌睡，作业不能及时完成；即使完成了字迹也相当潦草，而且错别字特别多，错题也不少，几次小测验成绩很不理想，月考成绩更糟，班级名次下滑得厉害，眼看着就要中考了，这样下去不是办法！

听到这里，思雨的心里是五味杂陈，于是简单地把家里最近发生的一些事情告诉了老师：自己生病，住了半个月的医院；老公单位里正好赶上医药卫生体制改革，忙得顾不上回家；蜻蜓既要照顾她妹妹，还要到医院照顾生病的自己，忙里偷闲才能写自己的作业，可能是精力不济才出现这样的局面。

"原来是这样,唉,真的令人担心啊,这要紧的关头,蜻蜓的成绩出了问题。"王老师摇了摇头,不无惋惜地说,"今年的中考,咱市里一中、二中有尖子班,前一百名考生编成两个班,全市最好的老师代课,保重点的,也就是说,每个学校的前5名被录取的可能性很大,以蜻蜓以前的成绩保证没问题,但是现在这样的情况,还有不到3个月的时间了,您看……"

思雨何尝不明白老师的潜台词,知道老师一直很喜欢懂事乖巧、成绩一直不错的蜻蜓,这关键时刻出了状况……于是她对王老师说:"老师,谢谢你告诉我这些,现在说什么都没用,我知道蜻蜓的基础不差,我会尽量帮助蜻蜓把这段时间落下的功课补上去,希望老师也不要放弃她,我们共同努力把她的成绩提上去!"

"蜻蜓妈,蜻蜓学习一直很好,作为她的老师,孩子有什么事需要帮忙,你尽管和我联系,只为了蜻蜓能考个好成绩。"王老师真心实意地说。

回家的路上,思雨已经想出了好办法。远远地,就看到蜻蜓站在小区门口东张西望,看到思雨了,蜻蜓急忙跑去,接过妈妈的包,忐忑不安地问道:"妈,老师和你说什么了?这么晚才回来。"

"说什么不重要,现在呀,吃饭才最重要,我都快饿死啦,你做的什么饭?你吃了吗?"思雨一边上楼,一边答非所问,故意不提和老师的谈话内容。

"做了西红柿炒鸡蛋,还有土豆丝,妹妹饿了,先吃了,哎,妈,你别转移话题呀,老师都和你说什么了?"蜻蜓旧话重提。

"先吃饭,妈妈和老师谈了那么久,早饿了,吃完饭再说。"见蜻蜓着急,思雨心里暗自一笑,还是不紧不慢地说道。

吃过晚饭，思雨像往常一样坐在沙发上看电视，而余光则逗留在坐立不安的蜻蜓身上。"蜻蜓，作业写完了？"思雨例行公事地问道。

"今晚作业不多，早就写完了，妈妈，是不是可以不要卖关子了？"蜻蜓的耐心已经到了极限。

"哦，老师说从没遇到像你这么聪明的孩子，120分钟的题，你不到50分钟就做完了。"思雨拿着遥控器若无其事地说。

"哦，真的啊，那肯定是数学老师说的，对吧？那语文老师怎么说的？"蜻蜓呆了呆，有些不敢相信地问妈妈，这样的回答实在是出乎她的意料。

"语文老师啊，她说你写的作文那才叫一个棒。得满分是家常便饭。不过，她还说你最近一直是三分之一的时间在学习，其余的时间不知道你忙些什么，心思好像没放在学习上。"思雨还是一副漫不经心的样子。

"还有别的老师吗？他们都说我什么？"蜻蜓的神态变得不自然了。

"他们也问我同样的问题，因为他们一直困惑：你的成绩最近不理想，到底是怎么回事？他们说这么聪明的孩子，肯定是有原因。"思雨边调着台，边回答。

"妈妈，你是怎么说的？"蜻蜓脸红了，低下头，小声问道。

"我实话实说啊，就因为最近我病了，爸爸不在家，你忙着照顾我，还得照顾妹妹，时间赶不过来，才把学习耽误了，成绩只是暂时下滑，又不是长久的停滞不前。"思雨回过头来说，"蜻蜓啊，不是我背后说你老师的坏话，你老师可真是少见多怪，连这点小事也值得大惊小怪的。"

"妈，我自己也有危机感了，担心这种局面会持续下去，我怕自己真的考不上重点高中。"蜻蜓低下头，终于说出了自己担心的事。

"考不上重点高中，普通高中也不错啊。"思雨心里一沉，脸上没有多少变化，貌似无所谓地说道。

"啊？老妈，你是不是发烧了？这可不像你说的话哎。"蜻蜓惊讶地抬起头，走到思雨的身边，伸手去探她的脸。

"怎么说话呢，难不成还能打你一顿呀，你老妈我可是文明人。"思雨拍开蜻蜓的手，不满地反驳道。

"妈妈，不要看电视啦，拜托了，我现在真的很着急呀，我所有的科目习题做起来都很吃力，你知道不知道啊？"蜻蜓着急地大叫起来，忙跳过来，抢走思雨的遥控器。

"我说臭丫头，你怎么不早说？老妈我要是知道了，还能不帮你啊？！"思雨坐起来，对着焦急的蜻蜓说道。

"人家现在不是告诉你了嘛，你想想啊，以前我学习成绩在班里是数一数二的，可是这段时间，好多习题都不会，又落下了那么多习题和单元测试卷，还有新课程要学，新的习题也要做，这么多的书山题海，我怎么办呀？"看着思雨悠然自得、事不关己的样子，蜻蜓真是心急如焚，无计可施的她只能拼命地摇着思雨的胳膊。

看着束手无策的蜻蜓，思雨觉得时机成熟了，她拍拍胸脯说道："安心啦，老娘我亲自出马，肯定能把以前的损失补回来。"

"妈，真的吗？快告诉我，我可是落下了很多课程呢，你怎么一下子帮我补上来？"思雨的承诺让蜻蜓如获至宝，大喜过望。

"你还想一下子全补上来，你以为你是神呀，学习要慢慢来，循序渐进，懂吗？你现在的状态，越是着急，越没有头绪；越没有头绪，心里越慌；心一慌，你就无处下手，即使当时记住了，过不了多久，你又会全忘掉的，对吧？"

"对呀,妈妈,就是这样的,怎样才能改变这种局面?你有什么好办法?"被思雨说中了自己的心事,蜻蜓是心服口服。

"办法当然有了,关键是我们母女俩要配合好,才能达到我们想要的结果……"

"那是必须的,只要能让我成绩回到从前,我肯定会配合,妈妈,是不是只要我们俩'双剑合璧'就可以'天下无敌'了?"蜻蜓紧追不舍地问道。

"那是肯定的,没听说吗,'老娘出马,一个顶俩',办法之前就已经告诉你了,就是循序渐进。"思雨拍着胸脯保证道。

"什么意思,什么循序渐进?"蜻蜓有些迷惑不解。

"嗨,这都不明白,多简单的事,意思就是,我先把你以前的习题和单元测试卷都整理出来,查漏补缺,再把以前做错的或者答案不确定的抄下来,整理好后打印出来,然后针对性地处理,这样既能节省你的时间,又能有条理、有计划地逐步解决问题。"思雨不厌其烦地详细解释。

"哦,原来是这样啊!"恍然大悟的蜻蜓还是有些担忧,"但是,离中考的时间很近了,能来得及吗?"

"放心,等我整理完这些习题和单元测试卷后,再按时间和作业量列出计划书,虽然时间是有点赶,但是你的基础知识很扎实,再加上妈妈的聪明和智慧,妈妈相信只要我们母女俩联手合作,没有打不赢的仗。"这胸有成竹的话语,终于打消了蜻蜓的疑虑。

"妈,我怎么有种上当的感觉,你不会是设好套,等着我钻吧?"瞥见思雨稍纵即逝的微笑,蜻蜓有一丝怀疑。

思雨脸色一怔,心里暗想:"这都看得出来?"但嘴上却说:"怎么说话呢,妈妈也是刚想到的主意,我还能骗自己的闺女吗?妈妈费尽脑汁帮你想办法，不感谢一下妈妈，还怀疑我，看我怎么收拾你！"说着，随即翻身把蜻蜓压住，挠她痒痒。

怕痒的蜻蜓又笑又叫，思雨停住了手，拉她一把，蜻蜓亲热地搂住她的脖子，说："妈妈，我知道，你可是世界上最好的妈妈了！"

"臭丫头，少在这里甜言蜜语哄老妈开心，真想改变目前的学习状态的话，就先把这张单元测试卷重做一遍。"蜻蜓二话没说，顺手接过试卷，思雨见状说道，"既然你没意见，那么，从现在开始，你的学习就由我来提醒和督促了，希望你能配合噢。"

"是，老妈大人，小女子一定全力以赴配合您的工作。"

从这天开始，思雨每晚7点准时回到家。在蜻蜓放学回家之前，把晚饭和要做的习题抓紧时间准备好。饭后，立刻进书房陪蜻蜓写作业，每写完一个科目，思雨都会认真检查。答案不一样的，她们再讨论，有争议的，等第二天回学校问老师，所有的作业写完后，就开始补做思雨事先打印好的习题或者单元测试卷。

那段时间的单元测试卷——语文、数学、外语、物理、化学，再加政治，每天厚厚一大叠，一般要学习到11点，更要命的是每天一篇作文练习，看到睡眠不足的孩子，思雨真是心疼得要命。为了孩子的身体，思雨每天等蜻蜓做完作业，都会帮她全身按摩，减缓身体和精神疲劳。

功夫不负有心人，两周后，学校里的月考到了，蜻蜓的成绩大幅度提高，不但老师和同学都感到很意外，就连她自己也没想到自己的成绩会提升得这么快。

回家后，蜻蜓把老师当时惊讶的表情绘声绘色地说给思雨听，思雨悬着的心也放下了一半。第三周,作业越来越多,蜻蜓睡得越来越晚,思雨陪着她,一直到她睡下才去休息。蜻蜓过意不去,知道诊所病人多,妈妈工作量很大，这么熬下去就怕身体吃不消，所以，几次都央求妈妈先睡。思雨看着懂事的女儿，摇摇头，笑着对她说："我们都是有合约的人，岂能言而无信？战斗还没有结束，妈妈会一直在这里陪着你，好了，不多说了，我们继续。"

蜻蜓点点头，揉了揉发涩的眼睛，低下头，又写了下去。

宝剑锋从磨砺出，梅花香自苦寒来，中考前夕的最后一次模拟考试，蜻蜓终于又夺回了年级第一的桂冠。这虽是思雨意料之中的事，但是思雨还是跑到海边哭起来了，也许为了孩子的努力，也许为了自己的付出。

最令思雨引以为豪的，也令所有人都深感意外的，是蜻蜓拿到了这个年度的中考状元。

就在前几日，思雨母女又谈起这个话题。"妈妈，你不会真的以为，我当时是因为照顾你才耽误学习的吧？"蜻蜓问起这个困惑她好久的问题，她始终不相信看似精明的妈妈会相信这么蹩脚的理由。

"难道不是吗？莫非还有别的原因？"思雨静静地反问道。

"其实我当时看漫画上瘾了，你和爸爸都不在家，妹妹睡了，我也不写作业，当时想自己成绩那么好，一次、两次不写作业没关系，一次、两次不听老师讲课也没关系。谁知道，落下太多，再想赶，却赶不上了……"蜻蜓一五一十地坦白了她当时成绩下滑的真正原因。

"实不相瞒，老娘我早知道你是看漫画耽误功课的，收拾你衣服的时候，就看到藏在衣柜里的漫画了。"

"哦，既然你早就知道事实真相，为什么老师叫你去的时候，你还说我是因为照顾你、照顾妹妹而耽误学习的？回来后也没批评我，还想方设法陪我学习？"蜻蜓百思不解地睁大了眼睛问道。

"你以为我当时真的不生气呀，可是你不光是我闺女，还是老师眼里的好学生，我好歹也得给你留点面子吧？"思雨反问道，"再说了，当时那情景，一切都是次要的，你的成绩和学习态度才是最重要的，是吧？"

"我以为那次家长会以后，你回家要骂我了，害得我一个下午提心吊胆的，差点都想离家出走了。"蜻蜓半开玩笑地说。

"嗨，傻丫头，妈妈会为了成绩打你吗？考试成绩不理想，正好可以发现哪些地方学得不够好，要是老师出的卷子恰好都是你会的，虽然得了高分，但不能发现自己的问题，那也是很遗憾的一件事。"

"妈妈，当时你没骂我，我心里挺愧疚的，说实话，我又何尝不理解您的良苦用心。"

思雨看着睡在沙发上的蜻蜓，忍不住感慨万千：幸亏当时沉得住气，没有轻易责怪、打骂孩子，而是理性地想方设法引导孩子，面对知识本身，也没有刻意去在乎分数的高低，孩子在学习上的潜能终于被激发出来。

思雨相信没有哪个孩子会喜欢被打骂、被挖苦、被嘲弄，他们需要的是被理解、被认可，被引导，还有适合他们的学习方法，这样他才能享受到成功的体验。但是成功的体验不是偶尔得到的高分，而是通过自己的努力，解决问题后的那种喜悦。

> 要想孩子学习成绩提高，必须要让孩子自己对学习充满兴趣。最了解孩子的永远是他的父母，如何让孩子对学习充满兴趣，就成了每个父母的责任。

49. 偶尔的考试失利（蜻蜓：高一）

蜻蜓如愿以偿地考上了市重点高中的实验班，思雨悬了许久的心终于放下来了。

和初中相比，高中的学习很紧张，特别是实验班的孩子，个个聪明、优秀。刚入学的蜻蜓显然有点不适应。回家后，时常跟思雨抱怨老师的讲课速度太快、板书太少。

思雨告诉她："老师讲课快没关系，只要认真听讲，做好笔记，下课后多看几遍，有不明白的地方再找同学交流，还是不明白的话，可以找老师问问！"之后，回家再也听不见蜻蜓的抱怨声，开学后的第一次月考，蜻蜓的学习成绩也相当理想。

转眼间，一年过去了，高二分班，蜻蜓选择了理科班，这个班的孩子个个都是高手，老师讲课速度越来越快，内容也越来越多，孩子们的压力也是越来越大，蜻蜓回家发牢骚的次数也是越来越多。思雨总是笑着安慰她："古人云：故天将降大任于斯人也，必先苦其心志，劳其筋骨。古人尚且明白这个道理，何况你们后生小辈乎？有压力才有动力嘛。"

不知道是老天爷听到了思雨的这句玩笑话，还是喜欢故意捉弄蜻蜓，反正这次月考蜻蜓又出了麻烦。

蜻蜓病了且病得很奇怪，好好地坐在那里写作业，突然间，就天旋地转，眼花耳鸣，好长一段时间，脑袋嗡嗡直响，不能思考，不能看题，紧接着，浑身关节都疼得要命，这可怎么办？下节课期中考试就开始啦。她找出了思雨给她备用的感冒药，吃了两粒，和同学们一起进了考场。

第一节考的是语文，岂料蜻蜓往那里一坐，拿起语文试卷的时候，头又昏起来，耳鸣不断，眼皮直打架，无论如何也打不起精神来，额头也冒出一层虚汗来，整个脑袋一片空白，连最简单的基础知识都不知道如何回答了，最擅长的作文也写得是一塌糊涂。

紧接着就是数学了，所有的科目中，蜻蜓学得最好的就是数学，在整个学校也是赫赫有名的"数学女皇"。第一题是判断题，平时一旦遇到这样的题目，蜻蜓做得是又快又准，不费吹灰之力。而当时她的脑袋里却像是灌满了浆糊，一点也不转圈了，蜻蜓不知怎么一下子就哭出来了。泪珠儿顺着面颊往下淌，淌到嘴角处，再被她自己伸舌头舔到嘴里去，泪水都是苦涩的！

居然连自己引以为豪的数学都可以考得一塌糊涂，就更不用说其他科目了！

几天后，老师打来电话，蜻蜓这次考试成绩班里倒数第一！问她怎么回事、什么原因，她只是掉眼泪，就是不说话。

思雨告诉老师，蜻蜓病了，没能正常发挥，所以才考出这样的成绩。学校有规定，凡是期中或期末考试连续两次低于校平均分的，一律从重点班调到普通班，她又不能补考，所以……

"哦，原来是这样，那你今晚要好好开导开导她，明天我和她再谈谈，我感觉这两天她的情绪很低落，总是无精打采的样子。"老师叮嘱道。

"蜻蜓是个心高气傲的孩子，从小到大学习成绩一直很优秀，几乎每个任课老师对她都是呵护备至，这次考试的意外失利对她是个不小的打击，几乎打掉了她的全部自信心。这件事让我意识到，这孩子也该到了经受挫折的时候了，所以也打算和她好好聊聊。"思雨对老师说道。

放下电话，处理完候诊的病人，思雨就去了市场，买了一些蜻蜓爱吃的菜。门铃响起来的时候，思雨已将饭菜摆放在餐桌上。

蜻蜓换好拖鞋，心不在焉地向自己的卧室走去，根本没注意到餐桌上的饭菜，同样也没有注意到为什么会是思雨为她开的门。看着无精打采的蜻蜓，思雨的心里满是怜惜和不舍。

"蜻蜓，回来了？外面的风不小。"思雨接过她的书包说道。

"啊，妈，你怎么在家呀？"蜻蜓恍惚了一下，这才回过神来问道。

"今天病人不多，诊所里也没什么事，就先回家了，时间充足，妈妈做了几个菜，先过来吃饭吧！"思雨建议道。

"妈，我不饿，你先吃吧，我写完作业再吃。"说完，蜻蜓低下头打算像往常一样躲到卧室里去。

"蜻蜓，先过来，妈妈有事和你说，作业等会儿再写。"思雨顺手扯住了蜻蜓。

"哦。"蜻蜓看了看思雨，知道这次是躲不过去了，不由自主地跟着妈妈来到餐桌边。

"今天下午，你老师打电话给我，我们谈了你近期的表现。"

蜻蜓轻轻地抬起头，看了一眼思雨，欲言又止。

"妈妈知道，考试那天你发烧，无法集中精力答卷，所以才考得不好。"思雨的这番话，让蜻蜓委屈了多日的泪水，像决堤的水坝，瞬间流了出来，起初是小声呜咽，后来越哭声音越大。思雨只是轻轻抚摸，不劝也不制止，任由她哭个够。

不大一会儿，蜻蜓抬起头，不哭了。看着发泄完毕的蜻蜓，思雨松了口气，笑嘻嘻地说道："嗨，不就是一次考试嘛，有什么大不了的，这也值得你掉眼泪？原来我闺女的眼泪这么不值钱啊？"

听到思雨的戏弄，蜻蜓终于止住了眼泪，撇着嘴说道："妈，你不知道，普通班不是有几个我初中的同学吗，他们看到我的时候，故意大声说，还实验班的学生，就考了这么点分数，不过如此罢了；我们班有的同学说，考这么点分数，真丢实验班的脸，当初也不知道是怎么考进来的，不会是后门生吧？"

蜻蜓的诉说，使思雨明白这些天她受了多大的委屈，承受了多大的压力，她轻轻地把蜻蜓揽在自己的怀里说："孩子，妈妈告诉你，嘴长在他们的脸上，想说什么，全是他们自己的事。但是，你自己想一想，如果你当时没有生病，正常考试，你的成绩能不能考得比他们好？"

"那肯定没问题。"蜻蜓从妈妈的怀里抬起头，肯定地回答道。

"嗨，那你还在乎他们说的话做什么，下次用事实让他们闭嘴，看谁笑到最后，不就得了？"思雨不屑地说道。

"可是，我这次确实考得不好，这是不争的事实呀。"蜻蜓低声说道。

"妈妈知道,你从小到大成绩一直很优秀,这次没考好,你心里肯定不舒服,但是这只是一个意外,你能每次考试都生病吗?其实换个角度想一想,你这次考试没考好,未必不是一件好事。"

"啊……妈,为什么这么说?"蜻蜓觉得这话说得太不可思议了。

"塞翁失马,焉知非福,因为你现在的思想还不是很成熟,很多事我们都会帮你,将来你再遇到同样的困难,心里有了承受力,就可以自己解决,这次可以作为你的一堂挫折教育课。"

"什么意思呀,妈妈?"蜻蜓不解地问道。

"你知道每年高考有很多人都落榜,他们当中,有多少人从此一蹶不振,又有多少人自杀,这些人大都是从小到大一直很优秀,没有经历挫折,不知道失败是什么感受,所以一旦失败,他们很难面对,只能选择逃避。"思雨郑重地说道。

"他们都是笨蛋,怎么能舍得爸爸妈妈?"蜻蜓急忙说道。

"还好意思说人家是笨蛋,也不知道是谁,这两天一直无精打采地撅着嘴,不知道的还以为天要塌下来了!"思雨撅着嘴取笑说道。

"嗨,那是我的感冒还没好利索,这叫后遗症,你连这个都看不明白,亏你还是个名大夫!哼!"蜻蜓无赖地辩解后,又反过来取笑思雨。

思雨看到恢复了往日神采的蜻蜓,开心地说道:"妈妈告诉你,世上没有人总能一帆风顺,不是有句歌词这么说:'不经历风雨,怎能见彩虹'吗?还有这世上也没有完美的人,有人喜欢背后说人,就由他去吧,你还是你自己,你看那些背后说人的人,人家背后也说他。倘若都在意的话……"

蜻蜓耸了耸肩,说:"妈妈,你的意思是,说人与被说,两者皆不免!唯一的办法,就是抱着'说自由他说,人还是我人'的态度,假若我对每个人的议论都要去注意,我就最好别活着!是不是这意思?"

"哟,哟,我的闺女变聪明了哈。"思雨大惊小怪地叫着。

"从现在起,你的闺女又恢复了往日的潇洒,那就是走自己的路,让别人说去吧。"

又看到了眉开眼笑的蜻蜓,思雨总算彻底放下心来。就在这时,一阵不合时宜的"咕……咕……咕……"响声传来,思雨敲了敲她的肚子,笑着说道:"好了,去吃饭吧。"

"妈妈,真讨厌,不许笑!再笑就不理你啦!"看到大笑不止的妈妈,蜻蜓不好意思地警告道。

> 通常情况下，我们的习惯思维是螺丝松了，往紧拧拧，就不会响了。殊不知，在有些地方，留有适当的间隙，反而会更好。

50. 学会放松（蜻蜓：高考前夕）

春节过后，蜻蜓开始了高考备考冲刺，每天的生活都很紧张，日程排得满满的，每天早早起床，一旦坐在教室里，常常忘记了一天的结束，回到家里还得复习那些没完没了的习题。电脑游戏、电视连续剧、迷人的课外书、有趣的剪纸、喜爱的乐器……一切的娱乐对蜻蜓来说，都似乎很遥远了。

说实话，思雨看着她这么辛苦，虽心疼得要命，却也无能为力。特别是看到蜻蜓的神经总是绷得紧紧的，随时都会处于崩溃的边缘时，思雨决定改变这种局面。

趁着五一休假，思雨取消了患者的预约，诊所关了几天，强行拉着蜻蜓去郊外透透气。从思雨的家到西边山下的田野，还有一段不算近的路程，思雨不想打车，蜻蜓不想步行，于是，娘俩一合计，找出多年不骑的自行车，一来，可以活动活动筋骨；二来，可以复习一下久违的车技。

思雨的这辆车问题不大，还可以骑，蜻蜓那辆车却不容乐观，满身锈迹斑斑不说，骑起来，还发出难听的"吱嘎、吱嘎"声。在寂静的田间小路上，分外刺耳。娘俩只能心不甘情不愿地把车停下，查看是哪里发出的怪音，转了两圈，就发现了问题所在：原来是车子中间起减震作用的活动轴在响。

环视四周，附近还真没有自行车修理铺，思雨只得回家，找出扳手把螺丝紧了紧，感觉差不多了，就让蜻蜓试骑一下。然而，骑了没有多远，还是老样子，噪音依旧未曾减弱。蜻蜓接过扳手，学着思雨的样子，把螺丝又往里紧紧拧了几圈，心想这下应该没问题了吧。放下扳手，又骑了一圈，还是"外甥打灯笼——照旧（舅）"。反复调试了几次，这车还是不配合。于是，蜻蜓撅着个小嘴，看着不给面子的车子，不免有点气馁。

看着一筹莫展的蜻蜓，思雨顺手接过自行车，支起来，用手握住脚踏板，又转了几圈，还是"嘎吱、嘎吱"地直叫唤。她停下来，略一沉思、对蜻蜓说："往紧拧不行，干脆松几扣螺丝试试，怎么样？"

"那也只能死马当作活马医了。"看着兴致勃勃的思雨，蜻蜓实在是不忍心打击她的积极性，点着头随声附和。

谁料想，这样松几扣还真的奏效，车子竟然一点也不响了。蜻蜓和思雨不敢相信似的，两人四目相对，为这一意外收获而高兴，猛然间，她们明白了一个道理：原来活动轴是起减震作用的，拧紧了，没有活动的间隙，车子动起来就发出"吱嘎、吱嘎"的叫声。通常情况下，我们的习惯思维是螺丝松了，往紧拧拧，就不会响了。殊不知，在有些地方，留有适当的间隙，反而会更好。

回程的路上，思雨和蜻蜓骑着自行车慢悠悠地走着……

"妈妈，你听，我的车子好啦，不再'哼小曲'，也没有'伴奏带'了，刚开始的时候，还以为修不好，谁能想到会是螺丝紧了的缘故，太好笑啦……"说到这里，蜻蜓自己忍不住仰头大笑起来。

回头看了一眼乐不可支的蜻蜓，思雨不觉莞尔一笑："是啊，谁会想到松几扣就好了。人们做事的时候，都会顺着思维一直朝前走，就像高考前的你们，老师、家长一个个都是苦口婆心地叮嘱，要抓紧时间复习，要抓紧时间做题，使你们的心弦绷得一天比一天紧，始终处于高度紧张的状态。适度的紧张，可使人精神振奋，注意力集中，学习效率提高，但长期过度的紧张却适得其反，过大压力会使人的精神状态变差，从而影响正常发挥，严重时还会威胁到你们的身心健康。如果不懂得换一种思维方式去缓解压力，那你们只能一条道走到黑，到头来，吃亏的还是自己。"

蜻蜓回头看了看妈妈，大声说："是啊，老妈，就像我骑的自行车一样，螺丝拧得越紧，活动起来就越困难，骑起来就会发出难听的'吱嘎、吱嘎'声。适当的放松，有时会起到意想不到的效果。"

看着超越自己的蜻蜓，思雨静静地说道："其实，生活这根弦也一样，千万别蹦得太紧了。太紧的神经，会让人崩溃；留有适当的余地，适时地放松自己，才能更好地享受生活。"

> 人与人的和谐相处，不只是需要爱心，更不能一味地去施舍和怜悯，更需要的是给予和索取的平衡，只有这样，才会有感情上的尊重，人格上的平等，心灵上的濡沫。

51. 为什么要她买单（冰儿：参加工作）

冰是思雨大弟弟天鸣家的孩子，天鸣去世得早，冰的妈妈带着两个孩子，小日子过得紧巴巴的。思雨看着于心不忍，于是，冰读大学的费用都是思雨出的。

时间过得真快，一转眼，四年的大学生活结束了，思雨托关系找门子，为冰找到了一份合适的工作。上班的第一个月，冰领到了有生以来的第一份工资，激动万分，盘算着如何花得更有意义，最终决定先给爷爷奶奶买件衣裳和一些营养品，然后再请全家人吃顿饭，表达谢意。

当她把想法告诉爷爷以后，爷爷激动地说："傻丫头，都是自家人，不用乱花钱，好好攒着，以后用的着地方多着呢……"

弟弟妹妹一听冰姐姐要请客，乐得哈哈大笑，齐声高喊："好啊，好啊，今晚可得好好吃一顿喽！"

看着唯恐天下不乱的弟弟妹妹，蜻蜓则是不无担心地小声提醒着思雨："妈妈，冰姐姐刚参加工作，挣点钱不容易，还是不要去吃饭吧！"

思雨和二弟天宇相视一笑，思雨的意思天宇是心领神会，饭要去吃，但是，一定不能让这个刚参加工作的侄女花钱。晚饭吃得很热闹，快结束的时候，冰准备去买单，爷爷看看儿子，再看看女儿，那眼神思雨和天宇何尝不明白：你们怎么能让孩子花钱呢，快去把账结了吧。

思雨和天宇相视一笑，却没有动身的意思。不大一会儿，冰回来了，她嗔怒地问道："是谁先把钱押在吧台了？"

见大家面面相觑，都不出声。冰急了，搂住奶奶恳求道："好奶奶，快告诉我，是谁的钱？不是说好的吗，这顿饭由我来请？"

奶奶心疼地说："冰啊，好孩子，有我们大人在，怎么能花你的钱呢？"

"不是钱的事，这是我的一片心，是我对家人的感谢啊！"冰着急地说。

孩子们都不知道冰姐姐为什么会这么着急，除了感到奇怪之外，就是七嘴八舌地劝冰："谁付还不一样？再说了，姑妈和二叔又不是第一次请客！"

天宇和思雨一直不说话，只是笑，最后，冰真的急哭了。

看到冰着急的样子，思雨突然心头猛地一震，决定改变主意，立马站起来，给天宇使了一个眼色说："天宇，快去把钱拿回来，我觉得，今晚就该让冰儿请客！"

天宇看了看思雨，又看了看冰，就去了吧台，冰儿也紧随着天宇身后。

在等待的时候，蜻蜓悄声问道："妈妈，为什么你不让舅舅买单，而同意冰姐姐买单呢？"

思雨解释道："你没看出来吗？你冰姐姐真的急了啊。其实这不仅仅是一顿饭的问题，这是你冰姐姐想证明她有能力养活自己，也满含了她对家人的感恩之情。让她买单，是为了了却她的心愿，从此以后她就能更加坦然、自信地面对周围的每一个人了。"

不一会儿冰结完账高兴地回来了，大家看到冰开心的样子，都会心地笑了，天宇高兴地说："冰儿真是长大了。"

在回家的路上，大家有说有笑，热热闹闹。思雨望着那群打打闹闹的孩子们，叹了一口气，说："许多时候，我们总是习惯于对别人只求付出，不求回报，认为这样就是高尚；事实上，这只是一种一厢情愿。人与人的和谐相处，不只是需要爱心，更不能一味地去施舍和怜悯，更需要的是给予和索取的平衡。只有这样，才会有感情上的尊重，人格上的平等，心灵上的濡沫。"

后记

2012年8月14日，我刚结束了我的长篇小说《远的心 近的心》，准备好好地休息一阵，再回老家转转，看望一下久违的乡里乡亲，顺便为他们义诊。于是，我和我的家人，有了一趟小小的回乡之旅。

正值暑假，有些看病的人就带着孩子来了诊所。时近中午，天气又热，看着无精打采的孩子们，我于心不忍，就让蚂蚱领着他们去隔壁我们住的宾馆里休息，顺便定了一桌饭菜，让他们吃饱之后，再过来看病。

饭菜还没做好，蚂蚱拿出来一些小零食和饮料，招呼几个孩子先吃点垫垫饥。不大一会儿，桌子上的东西越来越少，几个孩子抢起来，没抢着的，就去别的小朋友手里抢，抢不过，就哭闹着跑到老人那里去告状。老人哄劝不听，就骂"他是个'熊孩子'！"手里有零食吃不了的，老人就帮他收起来，揣在兜里，叮嘱道："回去再吃！"蚂蚱看得是目瞪口呆……

回程的路上，蚂蚱和我聊起这件事的时候说，这几个自私自利的孩子，不懂得分享，不懂得谦让，原因固然很多，但是老人的溺爱占其中的很大一部分，这样的教育方式一旦持续下去，将毁了他们的一生。

后来，她建议我把之前写的这些小故事整理成册，结集出版，再回老家的时候送给他们，或许对他们会有所启发，有所帮助！

看着蚂蚱那双期待的眼神，我就知道，我一定要整理这些故事了。

或者，我也该让这些故事出现在我的日志里、博客上，出现在网站、记忆中。我想自己需要等上三年五载，最起码，我也该休息一年半载，再提笔。但，我竟连一日也没耽搁，就在8月20日晚间，我打开电脑，写下了《轻松陪伴孩子成长》一书。对我自己而言，这几乎是一项"奇迹"。我本来打算等自己退休了，蚂蚱大学毕业了，才去开始写它。

不知道是什么力量,是蚂蚱恳切的眼神,还是那些正被溺爱"伤害"着,却不自知的孩子们无辜的眼神?我居然这么快,这么毫不犹豫地开始整理了,而且,我除了正常做好本职工作以外,把整个业余时间全部都投入了进去。

八九月份,天气正热,守着电脑一天又一天地敲击着键盘,并不是很"享福"的事。可是,每天我都感动在故事中的人物里,我感动在蜻蜓对名牌的见解里,我感动在蚂蚱心平气和地"接受失去的事实"里;我感动在冰儿不向命运低头、奋力拼搏,终于"走出人生的雨季"里;我感动在清儿为了自己进班委的梦想,认真写起申请书里;我感动在龙龙终于明白了"选择与代价"而幡然醒悟里……于是,在各种各样的画面中,我又忘记了自我。

在这本书的自序中,我交代过本书的故事来源。在这儿,我就不再赘述了。我想,读者也不会再去对号入座,追问这故事的真实性。书中处处提到我家的几个孩子,更多地表现了她们的优点。我无意中树立了"成功的典范",只想把这几个孩子的故事作为"例子",来呈现一些正确的教育理念,与更多的父母分享一些有效的教育经验。我家的孩子也都是一些普通的孩子,也有她们自己的缺点和毛病。

之前,我早就说过一句话,不论多么真实的故事,经过我重新整理、编辑、加工、美化以后,故事的写实性或多或少要打相当大的折扣。毕竟,我并不在写"传记",我只写一个"故事",故事中令我感动的地方,我会重点强调去描述,故事中有我自己不能接受的地方,我就会把它删掉。所以,不论多么真实的故事,经过作者再写出来,总会与事实有段距离。

从来没有一个故事,像《轻松陪伴孩子成长》带给我这么大的"震撼"。这种"震撼",并不单纯来自"孩子的教育"问题,而更深刻地来自"孩子的成长"问题。在陪伴这些孩子们成长的过程中,我和他们一起经历过无数个"小过失"、"小错误"、"小无奈"、"小伤心"……也和他们一起迷茫过、无奈过、困惑过,当然了,也和他们一起分享过无数个问题解决后的喜悦。

这就是现实生活里孩子们成长过程中的"必然",那么多不可解的"必然"都凑在同一本书里,而这些都是真的!都是要面对的,都是要解决的。相对于这些"必然",本书也出现了几个"偶然",在这几个"偶然"里,无法形容我惋惜得多么深刻。前不久,我曾在电视上看到一个报导,据说是吸毒、犯罪越来越年轻化。当时我是那么吃惊,那么不敢相信!我真不懂,他们为什么如此不珍惜自己、如此不爱护自己呢?就算不为自己而珍惜生命,也该为那些爱自己的人着想!

在这儿,我必须提一下,自从我开始整理《轻松陪伴孩子成长》的书稿开始,有许多好朋友都纷纷和我联系,并主动提出很多有关孩子教育问题的资料。我在这儿,一并向他们致敬致谢。因为本书的原始资料均来自我的女儿和侄子侄女,还因为新资料提供出来时,本书已经完成了百分之九十,所以,我没有再采用新资料,以免这本书中旁枝太多,而流于琐碎。不过,对那些提供资料的人,我仍深深感激。

我的写作,一向是很累的。许多人看到我空间、博客时有更新,就认为我一定写得很容易。事实上,我的写作总是艰辛而又痛苦的,这份挣扎,也只有我身边的人才能体会。整理《轻松陪伴孩子成长》的书稿也一样,面对满屋子的手稿、报刊、空间日志、博客……我一面整理,还要一面修改。有些地方,实在拿不定主意的,就只好在QQ上问好朋友崔文泰,他的解答非常彻底,几乎知无不言,言无不尽。当他知道我的书稿全部整理完毕时,他又惊又喜,他说:"如此切合实际、生动有趣、能真正解决家庭教育问题的故事、方法,正是现在家庭教育所缺乏的,鲁姐,若是能出版,分享给大家,你这可是为众家长做了一件了不起的事。"我听了,也很安慰。

只是,我担心我可爱的大侄女冰儿读到这本书时,会不会再勾起她心头的创伤?我也很担心,我笔下的孩子们,会不会写得走样?我最担心的,是浩然的家人,会不会见书而伤情?以及书中其他有关的人物,会不会追怀往事而又增惆怅?若是如此,我很不安,我很抱歉,我也很难过。无论如何,我写此书时,是怀着一种近乎虔诚的心去写的。我爱蜻蜓和蚂蚱，我爱书中每一个孩子！我希望他们都能健康快乐、开开心心地度过每一天。写完这本书，我自己感触很深，童年之短暂，岁月之匆匆，时光就在不知不觉中偷偷溜走了。不和我们告别，就这样离我们而去，这是多么一件无可奈何的事！童年、青春、快乐，每个人都能拥有的东西，却不见得每个人都能珍惜它们。于是，我也感慨，怀疑，我也想问一句："快乐"在哪里？什么叫"快乐"？

前天晚上，蚂蚱写了一篇日志，结尾一句话是："快乐在我们每个人的内心深处！"

我有同感，真有同感！快乐，在每个人的内心深处！

2013年2月19日，这本书总算完稿了。写完后，心里还是沉甸甸的。不知道每个做父母的，是否能了解我写作时的虔诚？不知我笔下孩子们的成长历程，能否为那些正在成长的孩子带来一些启示？这些日子，我一直在回味这些故事，在想那些迷茫中的孩子们以及他们的父辈祖辈，对"成长"、"人生"、"社会"的种种见解……我时常在心里祈祷：但愿这本书能够得以正式出版，能被更多家长看到，如果这本书同样能使更多家长们感到"实用"，那是我最感欣慰的事。

这本书因为机缘凑巧，我不仅遇到了威海籍的作家苗华州老师，还得到了朋友孙文广和"六一儿童社区"创始人崔文泰的大力支持。

德高望重的苗老师不仅忙里偷闲地看完我的稿子，还对个别不妥当的地方提出了修改意见，最后他非常肯定地告诉我，这是一部不可多得的好书，他唯一的判断标准就是书稿的质量！感谢年轻有为的孙文广和崔文泰先生，他们为了此书的出版付出了很多很多，我知道，两位先生这样热心而无偿地付出，是因为他们心里装着中国的教育，是为了让更多的家长、更多的孩子受惠！再次向三位表示敬意和感谢。

真的，愿天下的孩子们都能享受到良好的教育，愿天下的父母都能轻松陪伴孩子们成长！

鲁晓春
2014年6月1日